Melanie K. mit Sabine Herold
Wenn das Schweigen bricht

Melanie K.
mit Sabine Herold

Wenn das Schweigen bricht

Die Geschichte eines Missbrauchs

Brunnen Verlag · Basel und Gießen

ABCteam-Bücher erscheinen in folgenden Verlagen:

Aussaat Verlag Neukirchen-Vluyn
R. Brockhaus Verlag Wuppertal
Brunnen Verlag Basel und Gießen
Christliches Verlagshaus Stuttgart
Oncken Verlag Wuppertal und Kassel

Die deutsche Bibliothek – CIP-Einheitsaufnahme:

K., Melanie:
Wenn das Schweigen bricht: die Geschichte
eines Missbrauchs / Melanie K. mit Sabine Herold. –
Basel: Brunnen-Verl., 2001
ISBN 3–7655–1696–1

© 2001 by Brunnen Verlag Basel
Umschlag: Michael Basler, Lörrach
Bild: Getty Stone, München
Satz: Bertschi & Messmer AG, Basel
Druck: Clausen & Bosse, Leck
Printed in Germany

ISBN 3–7655–1696–1

Inhalt

Die Augen geschlossen
meine ich mich sicher,
umgeben von Wärme und Liebe.
Doch im unheimlichen Dunkel
greifen gierige Hände nach meinem Körper,
berühren, betasten, begrapschen,
kneten und bemächtigen sich meiner.
Widerstand ist sinnlos.
Im Kampf werde ich doch Verlierer sein.
Ich hülle mich in Lüge und Heuchelei,
um mich zu schützen,
schweige und übernehme meine Rolle im Theater.

Doch hinter den Kulissen weint ein kleines Kind.
Übelkeit, Ekel, Abscheu und Hass
übermannen meine Gefühle,
während er immer näher kommt.
Alle Muskeln und Sehnen in mir warten angespannt.
Ich spüre Schmerz und Trauer.
Ich friere und ersticke, werde durchgekitzelt
und fühle doch nichts.
Feuchte Küsse, heißer Körper, der auf mir klebt,
Abwehr der nahenden Erregung,
peinliche Scham und panische Fluchtgedanken
kämpfen in mir.
Eingeklemmt und gefangen
erträgt mein Körper die feuchte Gewalt,
während ich selbst auf Reisen gehe –
in ein Land, in dem ich sicher bin,
umgeben von Wärme und Liebe.

Ich öffne die Augen,
doch der Albtraum ist nicht zu Ende.

Sabine Herold

Prolog

Ich sitze auf meinem Bett im Kinderheim und starre die weiß getünchte Wand vor mir an. Wieder einmal muss ich meine wenigen Habseligkeiten in meinen kleinen Koffer packen und auf mein Schicksal warten. Seit ich mich zurückerinnern kann, werde ich von einem Ort zum anderen, von einer Familie in die andere geschoben, zuerst von meinem vertrauten Platz weggezerrt und nach wenigen Wochen unter dem Vorwand wieder abgeschoben, ich sei schwer erziehbar.

Jetzt, mit sechseinhalb Jahren, soll ich nochmals eine Chance bekommen und von einer weiteren Familie abgeholt werden, die mir ein Zuhause anbieten möchte. Ich warte und umklammere mit meiner kleinen Hand krampfhaft den Koffergriff. Was wird mich diesmal erwarten? Ich habe solche Angst. Meine Gedanken kreisen und quälen mich: «Schon wieder muss ich von hier fort. Schon wieder soll ich ein neues Daheim bekommen. Wieso fragt mich eigentlich niemand, was *ich* fühle, denke und will? Bin ich denn niemand? Schon wieder muss ich mich einer Situation hilflos hingeben.»

Da öffnet sich die Lifttür, zwei fremde Menschen kommen heraus und stehen plötzlich vor mir – meine neuen Eltern. Nach einem kurzen Händedruck und einem für mich äußerst schmerzhaften Abschied folge ich den beiden Fremden schreiend zum Auto ...

Schluchzend und schweißgebadet erwachte ich und wusste im ersten Moment nicht, wo ich war. Der Mond schien silbern durchs Fenster und verwandelte mein Zimmer in eine unheimliche Höhle. Langsam dämmerte mir alles: Nein, ich hatte nichts Wirres geträumt, sondern die Realität noch einmal erlebt. Seit einiger

Zeit lebte ich nun in meiner neuen Familie, hatte zum ersten Mal ein eigenes, farbenfrohes Zimmer mit eigenen Stofftieren – und doch war ich innerlich entwurzelt, leer, traurig, heimatlos, und meine Seele schmerzte so sehr. Weinen konnte ich nur in meinen Albträumen, doch es verschaffte mir nur wenig Erleichterung. Eigentlich hatte ich hier alles, was ich brauchte. Und doch fehlte mir das Entscheidende: zu wissen, dass ich hierher gehörte.

Meine panische Angst, immer wieder weggerissen zu werden von einem Ort, der meine Heimat werden könnte, hatte damals begonnen, als die Polizei mich als zweijähriges, vernachlässigtes Kind von meinem Vater und seiner Freundin wegholte und im Streifenwagen mitnahm. Ich weiß noch genau, wie sehr ich schrie. Doch es half alles nichts – ich wurde in ein Heim gebracht. Die Zwangsabholung löste in mir damals ein schweres Trauma aus, das mich noch jahrelang verfolgen sollte. Immer saß mir die Angst im Nacken, erneut weggeholt zu werden und nicht bleiben zu dürfen. Sechs Mal musste ich tatsächlich erleben, wie man mich mitnahm und anschließend doch wieder ins Heim zurückbrachte.

Auch in dieser Nacht konnte ich nach dem Traum nicht mehr schlafen, weil mich die Angst quälte. Ich hatte gehört, wie meine Pflegeeltern davon sprachen, dass am folgenden Tag die Vormundschaftsbehörde zu einem Kontrollbesuch kommen sollte. Wenn ich nur daran dachte, wurde mir schon schlecht, da es für mich nur eines bedeuten konnte: Sie wollten mich wegholen, weil ich zu schwierig war. Anders hatte ich es bisher noch nicht erlebt, anderes konnte ich mir in meiner Kinderphantasie auch nicht vorstellen. Nachdem ich mich noch stundenlang im Bett herumgewälzt und voller Angst auf das Morgengrauen gewartet hatte, stand ich schließlich auf, zog meinen kleinen Koffer unter dem Bett hervor, öffnete ihn und packte meine

Siebensachen hinein – außerdem meine Lieblingsstoff-
tiere, meine einzigen Freunde. Leise schloss ich den
Koffer wieder, zog mich an und wartete zitternd auf
den Abschied.

1

Unerwünscht und abgeschoben

Nun war es soweit. Alles war gut geplant und vorbereitet. Ich konnte die Hoffnungslosigkeit in mir nicht mehr ertragen und hatte nur noch einen Wunsch: zu sterben. Meine letzten Habseligkeiten – ein Taschenmesser und einen Walkman – hatte ich verkauft und mir von diesem Geld Drogen (zum Spritzen) und Tabletten gekauft. Das erste Mal seit langer Zeit spürte ich einen Hauch von Glücksgefühl in mir, denn ich würde heute finden, was ich suchte: den Tod.

Ich verkroch mich in eine stille Ecke und breitete mein Hab und Gut vor mir aus. Zum Glück war ich allein und unbeobachtet. Es musste einfach funktionieren. Doch bevor ich mir den Todesstoß versetzen wollte, lehnte ich mich zurück, um mein Leben noch einmal an mir vorüberziehen zu lassen ...

Als ich im Oktober 1972 zur Welt kam, war die Geburt für meine Mutter mit besonders großen Schmerzen verbunden – einerseits weil es etliche Komplikationen gab, andererseits weil ich sechs Wochen zu früh auf die Welt kam. Weil ich einen Sauerstoffmangel erlitten hatte, galt ich von Geburt an als POS-Kind. Ich hatte also das psycho-organische Syndrom. Außerdem war ich kein Wunschkind, da meine Mutter von ihrem damaligen Freund vergewaltigt worden und daraufhin schwanger geworden war. Doch sie entschied sich trotz ihres Elends und ihrer unangenehmen Lage dafür, mich nicht abzu-treiben, sondern auszutragen.

Nach kurzem Klinik-Aufenthalt kehrte meine Mutter in ihre alte Umgebung zurück – ins «Rotlichtmilieu». Was mit mir in dieser Zeit geschah, weiß ich bis zum heutigen Tag nicht so genau. Vermutlich war ich sehr oft allein, war mir selbst überlassen und wurde von einer Bezugsperson zur anderen geschoben, da meine Mutter ihrer gewohnten Arbeit nachging.

Als ich zwei Jahre alt war, nahmen mich mein leib-licher Vater und seine damalige Freundin zu sich. Die Freundin war jedoch Alkoholikerin und oft betrunken. So kam es öfters vor, dass sie mich stundenlang vernach-lässigte und weinen ließ. Immer wieder kam die Polizei vorbei, um nach dem Rechten zu sehen, woraufhin sich mein Vater eine Zeit lang vermehrt um mich kümmerte. Doch schon bald waren die Ermahnungen vergessen, und ich blieb erneut meinem Schicksal überlassen, bis eines Abends wieder die Polizei vor der Haustür stand. Mein Vater war wie üblich nicht zu Hause, und seine Freundin war so betrunken, dass sie überhaupt nicht wahrnahm, was sich abspielte.

Ohne Diskussionen wurde ich von der Polizei im Streifenwagen mitgenommen und ins nächste Säuglings-heim gebracht. Auf der ganzen Fahrt schrie ich wie am Spieß, denn ich konnte nicht verstehen, warum ich aus meiner vertrauten Umgebung herausgerissen und von meinen «Eltern» getrennt wurde.

In den insgesamt dreieinhalb Jahren Heim-Aufenthalt wurde ich bei fünf Pflegefamilien untergebracht. Aber ich wurde jeweils nach kurzer Zeit unter dem Vorwand, ich sei zu schwierig und schwer erziehbar, wieder zu-rückgebracht.

Als ich sechseinhalb Jahre alt war, sagte man mir eines Tages, dass es für mich eine neue Chance gebe, ein Zuhause zu bekommen. Die Trennung vom Heim war

für mich allerdings schlimm, da ich mich an die Betreue-
rinnen und Diakonissen gewöhnt hatte und mich von
ihnen angenommen und geliebt fühlte.

Als wir bei meiner neuen Familie ankamen, warteten
dort schon drei ältere Geschwister auf mich, die mich
von oben bis unten neugierig musterten.

Zuerst wurde ich in mein Zimmer geführt. Es war das
erste Mal, dass ich mein eigenes Zimmer hatte, und ich
freute mich natürlich riesig darüber. Es war im Gegensatz zur sterilen Heim-Atmosphäre sehr farbenfroh ein-
gerichtet. Auf dem Bett entdeckte ich viele kleine Stofftiere, die mich mit ihren dunklen Knopfaugen liebevoll
ansahen, als wollten sie mir sagen: «Schön, dass du da
bist. Sei herzlich willkommen!» Meine Pflegemutter
packte mein kleines Köfferchen sorgfältig aus.

Da war ich nun in der neuen Familie, voller Unsicherheit und Angst, was mich erwarten würde und wie lange
mein Glück diesmal wohl andauern sollte.

Immer wenn die Vormundschaftsbehörde zu Kon-
trollbesuchen kam, packte ich in panischer Angst meine
Siebensachen zusammen und wartete auf mein
Schicksal – in der festen Überzeugung, erneut abgeholt
zu werden. Natürlich konnten meine Pflegeeltern diese
Packerei nicht verstehen, da sie weder die wirklichen
Hintergründe kannten noch um meine innersten Gefühle und Ängste wussten, über die ich natürlich nie
sprach. Sie nahmen meine «Abreisebereitschaft» sehr
persönlich, und nach wiederholten derartigen Situationen hatten sich zwischen uns viele Missverständnisse
angehäuft, weswegen das Verhältnis zwischen uns äußerst angespannt war. Ich selbst konnte für meine Gefühle keine Worte finden – ich wusste ja gar nicht, wie
man das machte! – und hatte wiederholt Wutausbrüche.

Weil die Berührungen und Umarmungen von meinen
Pflegeeltern immer seltener wurden, begann ich bald
damit, mir Schmerzen zuzufügen. Wohl deshalb, um

mich einerseits selbst wieder zu spüren, andererseits aber auch, um meinem Selbsthass Ausdruck zu verleihen und mich selbst zu bestrafen.

Tiefe Ängste und Verletzungen waren im Innern meiner Seele verborgen. Und weil ich in diesen Verhaltensmustern wie gefangen war, vereinsamte ich immer mehr.

Meine damalige Pflegefamilie setzte sich mit dem Gedanken auseinander, mich zu adoptieren. Vielleicht – so dachten sie – würde eine Adoption die ganze Situation verbessern. Als ich sieben Jahre alt war, ging ich mit meiner Pflegemutter in die Stadt zur entsprechenden Behördenstelle. Nach langem Warten, nach dem Ausfüllen unzähliger Formulare und nachdem wir meiner Meinung nach in fast allen Büros der Welt gewesen waren, standen wir endlich wieder draußen. Meine Mutter erklärte mir, dass ich nun adoptiert worden sei und dass wir von nun an eine richtige Familie wären. Meine bisherigen Pflegeeltern seien jetzt meine Eltern, und wenn ich Mami und Papi sagte, so stimmte das auch wirklich. «Du heißt jetzt offiziell Melanie K.... Nun wird alles gut, und du brauchst keine Angst mehr zu haben!»

Ich erinnere mich daran, dass mein Kinderzimmer neu tapeziert wurde. Das war für mich eines meiner schönsten Kindheitserlebnisse. Ich weiß noch, wie ich einfach dasaß und zuschaute, wie die alte Tapete heruntergerissen und eine neue angekleistert wurde. Meine Eltern gaben sich besonders Mühe und nahmen sich viel Zeit, alles schön einzurichten. Wir gingen auch zusammen in ein großes Möbelhaus, wo ich mir neue Bettwäsche aussuchen durfte. Dieser «Tapetenwechsel» in meinem Zimmer war ganz für mich alleine. Ich erlebte alles sehr positiv und fühlte mich in diesem Moment sehr geborgen.

Leider hielt der Frieden nicht lange an, denn in mir selbst hatte keine Erneuerung stattgefunden. Ich war

immer noch ganz wie vorher, unfähig, mich auszudrücken, voller Ängste, Aggressionen und vor allem un-
wahrscheinlich eifersüchtig auf meine drei Geschwister.
Immer wieder hatte ich das Gefühl, dass meine Eltern
mir zu wenig Beachtung entgegenbrachten, dafür aber
meinen Geschwistern alle Aufmerksamkeit schenkten.
Mein (neuer) Vater hatte sich damals kurz nach meinem
Einzug ins Haus etwas von mir distanziert, und die
Adoption ging in erster Linie von meiner (neuen) Mutter
aus.

Weil ich mich so sehr nach Zuwendung und
Berührung sehnte, versuchte ich, dies auf einem anderen
Weg zu bekommen. Ich begann damit, die Spielsachen
meiner Geschwister entweder kaputtzumachen oder sie
bei mir zu verstecken. So zog ich in negativer Weise die
Aufmerksamkeit meiner Familie auf mich.

Viele Erlebnisse saßen mir jahrelang wie Schreck-
gespenster unter der Haut. Ich kann mich gut daran
erinnern, dass ich mich einmal an meinem Finger verletzte. Ich rannte gleich zu meiner Mutter, um mich von
ihr «verarzten» zu lassen. Doch sie wies mich stattdessen
zurück und meinte: «Dafür bin ich wieder gut genug!
Aber wenn ich etwas von dir möchte, dann ziehst du
dich zurück!» Diese Reaktion tat mir weh, und von dem
Zeitpunkt an ging ich nie mehr zu ihr, wenn ich Schmerzen hatte. Lieber ertrug ich den Schmerz – innerlich und
äußerlich.

In der Anfangszeit bei meiner Adoptivfamilie hatte
ich häufig Wutanfälle und warf dann auch Stofftiere
zum Fenster hinaus. Weil meine Mutter davon überzeugt war, mein Verhalten sei gegen sie gerichtet, tat sie
dasselbe mit meinem Lieblingsspielzeug. Leider schlug
sie mich auch oft.

Fast täglich gab es derartige Zwischenfälle und Situationen. Am meisten litt ich jedoch unter ihrem tagelan-
gen Schweigen und «Unter-Druck-Setzen».

Innerlich schrie ich nach Liebe und Geborgenheit, aber durch mein negatives Verhalten erreichte ich nur das pure Gegenteil. Schon bald bekam ich keine körperliche Zuwendung mehr. Aus Wut, Verzweiflung und Unvermögen schlug mich meine Mutter immer öfter. Die Situation wurde schlimmer und verschärfte sich. Meine Geschwister wandten sich von mir ab, meine Eltern wussten sich keinen Rat mehr.

Ich fühlte mich in mir selbst verstrickt. Ich wollte reden, konnte es aber nicht. Ich war innerlich wie gelähmt, wirkte aber nach außen trotzig und bockig. Es war, als hielte mich meine eigene Seele gefangen. Meine Augen wurden leer und starr. Man konnte förmlich zusehen, wie ich mich zunehmend vor meiner Umwelt verschloss. In dieser Einsamkeit wünschte ich mir oft, am nächsten Morgen nicht mehr aufzuwachen, sondern einfach tot zu sein. Starke Depressionen überfielen meine kindliche Seele. In meinem Inneren bohrte ein tiefer Schmerz. Tränen hätten mir wahrscheinlich Erleichterung verschafft, doch Weinen konnte ich schon lange nicht mehr. Die einzige Ablenkung war die Flucht in das zwanghafte Auswendiglernen von Namen und Daten, wie zum Beispiel von allen Hunderassen, Tram-Haltestellen und Bus-Stationen, worin sich wohl autistische Züge zeigten. So lebte ich in meiner Welt ohne Lachen und ohne Weinen – vereinsamt, leer und traurig.

2

Trau keinem
Erwachsenen!

Das Haus meiner Familie war sehr schön – ein großes Fachwerkhaus mit drei Etagen, einem geräumigen Speicher und einem ebenso großen Keller. Wir hatten acht Schlafzimmer, ein riesiges Wohnzimmer, eine große Küche und drei Badezimmer zur Verfügung. Das einzig Kleine war die Wiese hinter dem Haus, die aber umso prächtiger war. Viele Blumen, zwei Obstbäume und ein kleiner Teich gehörten dazu. Das Haus stand in der Nähe eines Waldes, und die Schule war nur drei Minuten entfernt.

Leider hatte meine Mutter oft Migräne, so dass wir Kinder mucksmäuschenstill sein mussten. Wenn sie auf jemanden von uns wütend war, konnte sie sich stunden- oder gar tagelang in Schweigen hüllen, bis sie mit dem Schuldigen wieder ein Wort sprach. Für uns war das sehr belastend und schwierig, und ich hatte leider besonders oft das Gefühl, der Sündenbock zu sein, den sie anschwieg. Dieses Schweigen verletzte mich tief, und ich litt darunter.

Mein Vater war eher ruhig, verkroch und flüchtete sich in seine Arbeit oder ging joggen. Ich erlebte nie, dass meine Eltern lautstark miteinander stritten oder vor uns Kindern diskutierten. Unstimmigkeiten wurden im stillen Kämmerlein besprochen, und nach außen hin schien alles in Ordnung zu sein. Ich spürte aber häufig, dass es für meinen Vater ziemlich schwer war, mit dieser Situation zurechtzukommen.

Mein Großvater, der Vater meiner Adoptivmutter, kam oft bei uns vorbei. Er war Gärtner und kümmerte sich um unseren Garten. Natürlich bekam er auch unsere Streitereien mit – insbesondere die zwischen mir und meinen Eltern, so dass er ihnen vorschlug, mich doch von Zeit zu Zeit zu ihm zu schicken. Das wurde dann auch so gemacht. Die Wochenenden und Ferien verbrachte ich von nun an bei meinen Großeltern.

Meine Großmutter war eine religiöse Frau, die regelmäßig zur Kirche ging und ihren katholischen Glauben sehr ernst nahm. Sie besuchte häufig die Messe, so dass ich mit meinem Großvater viel allein war.

Eines Abends, als meine Großmutter wieder einmal außer Haus war, setzte er sich neben mich und legte seine Hand auf mein Knie, um es zu streicheln. Zunächst ahnte ich nichts Böses, aber als er mir dann sogar in die Unterhose griff, erschrak ich zutiefst, rannte schnell davon und schloss mich in meinem Zimmer ein. Meiner Oma erzählte er dann später, ich sei unartig gewesen und hätte deshalb Stubenarrest bekommen.

Von da an wiederholten sich derartige Situationen regelmäßig, und bald erfuhren auch meine Eltern von meiner «Unartigkeit», wie sich mein Großvater ausdrückte. Ich selbst getraute mich nicht zu sagen, was wirklich vor sich ging, denn ich schämte mich, solch peinliche Begebenheiten auszusprechen. Außerdem war ich mir nicht sicher, ob ich nicht selbst daran schuld war, dass mir so etwas überhaupt passierte. Jedes Mal bestätigte sich offenbar erneut, dass ich ein ungezogenes, dickköpfiges Kind war und zu Recht im Zimmer eingesperrt wurde.

Als ich acht Jahre alt war, fing mein Großvater damit an, mich zu analem und oralem Geschlechtsverkehr zu zwingen. Er drang so gewaltsam und tief in mich ein, dass ich mich anschließend regelmäßig übergeben musste. Ich fühlte mich so schmutzig und unrein, dass ich mich mehrmals am Tag duschte oder badete.

Wenn er mich missbrauchte, drang er mit seinem für mich damals riesigen Penis in meinen Mund ein, so dass ich kaum noch Luft bekam. Ein Mal war ihm nicht genug – immer wieder quälte er mich, bis ich würgen und erbrechen musste. Oft stieß er lange Gegenstände in meine Körperöffnungen: Kochlöffel, Flaschen, Bananen und andere Lebensmittel. Seine Fantasie kannte bei diesen Quälereien keine Grenzen. Ich musste ihn auch mit meiner Hand stimulieren, während er stöhnte und seinen Spaß hatte. Oft band er meine Arme und Beine auf einer Liege fest und küsste mich von oben bis unten ab, oder ich musste die verschiedensten Stellungen einnehmen, während er mich «durchbohrte». Es kam auch häufig vor, dass er mir Pornohefte zum Anschauen gab. Ich sollte ihm jedes Mal sagen, was ich dort drin sah, während er sich selbst befriedigte. Damit aber nicht genug, denn ich musste schließlich auch noch nachmachen, was in den Zeitschriften abgebildet war.

Meist konnte ich nach diesen schweren Übergriffen kaum noch sitzen. Mein Großvater drohte mir wiederholt damit, sich umzubringen, wenn ich irgendjemandem etwas von unserem «Geheimnis» erzählen würde. Dieses Schweige-Gebot führte dazu, dass mein Zustand immer kritischer wurde. Keine Gesprächs- oder Spieltherapie half hier später weiter.

Zur selben Zeit nahmen meine Eltern ein weiteres Pflegekind auf. Karin war ein dreijähriges Mädchen, das alle als «süß» und «lieb» bezeichneten. Ich selbst fühlte mich an den Rand gedrängt, leer und ausgestoßen. Meine Eifersucht auf Karin wurde immer größer. Manchmal schlug ich sie einfach nur, um sie anschließend wieder trösten zu können. Meine Gefühle zu ihr entwickelten sich zu einer Art Hassliebe.

Während der Zustand zu Hause immer schlimmer wurde, häuften sich auch die Übergriffe meines Großvaters. Für ihn wurde es zur Gewohnheit, mich an den

Wochenenden, die ich bei ihm verbrachte, zu erniedrigen und allerhand perverse Spiele mit mir zu treiben. Wann immer er in mein Zimmer kam, packte mich die nackte Angst. Großvater dunkelte das Zimmer immer ab, und während ich starr auf meinem Bett lag, hoffte ich immerfort, dass er doch bald fertig sein würde.

Ich war zwar von meinen Eltern nie aufgeklärt worden, wusste aber doch so viel, dass ich ahnen konnte, was mein Großvater mit mir machte. Zu Hause wurde nie über Sexualität gesprochen. Was ich wissen musste, lernte ich in der Schule – nicht im Unterricht, sondern von meinen Mitschülern oder beim Durchblättern der «Bravo» oder ähnlicher Heftchen, die im Klassenzimmer kursierten. Im Heim wurde ich dann später von den zuständigen Therapeuten aufgeklärt, wobei ich mir aber weiterhin mein Wissen aus Heften erwarb. Meine erste Periode hatte ich schon mit neun Jahren, und in der körperlichen Entwicklung war ich vielen Mädchen meines Alters weit voraus.

Eines Abends – meine Großmutter war wieder einmal in der Kirche – kam Großvater in mein Zimmer und hatte einen Kochlöffel in der Hand. Er zog sich die Hose aus und befahl mir, das Gleiche zu tun. Dann legte er sich schnaufend und stöhnend neben mich, während ich vor Angst zitterte. Er nahm meine kleine Hand und zwang mich, seinen Penis zu stimulieren. Plötzlich riss er meinen Körper herum und schnauzte mich an, dass ich gefälligst auf dem Bauch zu liegen hätte. Immer wieder drang er in mich ein, während ich unter unerträglichen Schmerzen wimmerte, dass er doch bitte aufhören möge. In seinem Sexwahn zerrte er mich wieder auf den Rücken, ergriff den Kochlöffel und steckte ihn erbarmungslos in meine Vagina – rein, raus, rein, raus.

Es waren entsetzliche Qualen. Vor Schmerz biss ich in meine Hand, um nicht laut schreien zu müssen. Endlich ließ er von mir ab und setzte sich vor den Fernsehapparat, als sei nichts geschehen. Ich krümmte mich noch immer vor Schmerz und spürte, wie ich blutete. Weil ich nichts anderes fand, nahm ich ein Kissen und presste es gegen mich, um den Blutfluss zu stoppen. Stunden später fiel ich in einen unruhigen Schlaf.

Am nächsten Morgen ließ ich schnell das blutbefleckte Kissen verschwinden, weil ja niemand etwas davon erfahren durfte. Die Drohungen meines Großvaters saßen tief in meinem Herzen fest. Er sagte mir immer wieder, dass ich die ganze Familie kaputtmachen würde, wenn ich jemandem etwas verriete – und das wollte ich natürlich auf keinen Fall, da sie ja sowieso schon genug Probleme mit mir hatten.

Oft machte ich mir Gedanken darüber, wer wohl meine richtigen Eltern waren und warum ich nicht bei ihnen sein konnte. Ich träumte von einem liebevollen, lustigen, starken Vater, der mich beschützte; einem Vater, auf den ich mich verlassen konnte. Ich malte mir ein Bild von einer zärtlichen Mutter aus, die mich gerne in ihre Arme nahm und bei der ich einfach sein konnte, ohne ständig unter dem Druck zu stehen, etwas sagen zu müssen. Ich sehnte mich nach Liebe und Geborgenheit, nach einem harmonischen Familienleben – ohne Streit, Verletzungen, Erniedrigung und sexuelle Grausamkeiten.

Als ich einmal mit meiner Adoptivmutter stritt, warf sie mir unvermittelt die ganze Wahrheit an den Kopf. Sie schrie laut, ich sei das Kind einer Hure und eines Zuhälters. Außerdem sei ich meiner leiblichen Mutter nur im Weg.

Diese Worte taten mir mehr weh als so mancher körperliche Schmerz. Ich war zu dem Zeitpunkt neun Jahre alt und durch das Gehörte sehr verunsichert. Der Traum einer heilen Familie hatte sich in einem einzigen Augenblick in nichts aufgelöst. Traurigkeit überfiel mich, doch weinen konnte ich weiterhin nicht.

Mit neuneinhalb Jahren kam ich in eine Sonderklasse für Lernbehinderte. Diese Zeit war für mich sehr schlimm, da ich über Mittag in der Schule bleiben musste. Ich fühlte mich weggerissen von meiner Familie und hatte besonders nach meiner Adoptivmutter Heimweh.

Meine Schulschwierigkeiten wurden immer mehr zum Problem. Weil mir alles vollständig gleichgültig war, machte ich auch keine Hausaufgaben mehr, womit ich wieder einmal negativ auffiel. In dieser Zeit verübte ich auch meine ersten Ladendiebstähle und log meine Eltern häufig an. Mein Defizit an Liebe suchte ich mit Süßigkeiten und kleptomanischem Verhalten zu kompensieren.

Mich selbst begann ich nun zunehmend zu hassen. Ich wollte kein Mädchen sein und zog mich darum knabenhaft an. Auf dem Pausenhof spielte ich nur mit den Jungs. Äußerlich schien ich wild und ungepflegt. Oft wünschte ich mir sehnlichst, ein Junge zu sein – erst recht, als ich schon mit neun Jahren meine erste Menstruation bekam.

Einmal wollte ich mir sogar einen Penis basteln, damit man mich nicht mehr quälte. Gegenüber gleichaltrigen Jungs nahm ich aber teilweise eine «Opferrolle» ein und ließ mich zu allerhand sexuellen Spielen anspornen. Es passierte ab und zu, dass ich mit einem Jungen aus meiner Klasse alleine im Klassenzimmer war. Er begann, mich im Intimbereich und am Oberkörper zu berühren und sich dabei zu stimulieren, wobei er mich zwang, ihm dabei zu helfen. Wir küssten uns, und wir gingen sehr weit. Wieder spielte ich eine passive Rolle, indem ich automatisch und mechanisch mitmachte, als ob derartige Spielereien etwas ganz Selbstverständliches wären.

Gegenüber kleinen Kindern verhielt ich mich ebenfalls unnormal. Ich erinnere mich daran, dass eines Tages eine Freundin meiner Mutter mit ihrem zweijährigen Jungen zu Besuch kam. Ich spielte mit ihm draußen im Garten. Als es niemand sah, zog ich ihm hinter einem Baum die Hosen runter und tat ihm im Genitalbereich absichtlich weh. Ich wollte ihm Schmerzen zufügen, weil mir ein Mann so sehr wehtat. Bei älteren und gleichaltrigen Jungs getraute ich mich zwar nicht, mich zu wehren, aber jüngeren gegenüber fühlte ich mich überlegen und stark.

Die Erfahrungen mit meinem Großvater machten mich nach außen hin kalt und gefühllos. Ich schwor mir: «Trau keinem Erwachsenen, denn er will dir nur Schlechtes antun.» Gegenüber Autoritätspersonen verhielt ich mich unausstehlich, ja, ich hasste sie regelrecht – ganz besonders die Männer!

3

Das «schmutzige Geheimnis»

Weil es trotz all der Gesprächstherapien nicht besser wurde, entschieden sich meine Eltern, mich in ein Beobachtungsheim zu geben. Ich war damals elf Jahre alt. Wieder sahen mich alle meine Therapeuten als ziemlich hoffnungslosen Fall an.

Einzig bei dem Lehrer, den ich hatte, fühlte ich mich wohl. Mit sieben anderen Schülern war ich in einer Sonderschulklasse. Der Lehrer bemühte sich sehr darum, dass die Stunden abwechslungsreich waren. Wir hatten verschiedene Wahlfächer, die wir besuchen konnten. Das gefiel mir gut, und im Werken und Turnen blühte ich richtig auf.

Leider bekamen wir schon nach kurzer Zeit einen anderen Lehrer, der dem ersten in keiner Weise ähnlich war. Er war sehr streng und hatte ein autoritäres Auftreten. Sehr bald wurden meine Schulleistungen rapide schlechter, da ich mich während des Unterrichts kaum konzentrieren konnte. Der Lehrer war für mich ein Feind. Er gehörte zu der Sorte von Autoritätspersonen, die ich besonders hasste. Immer war ich auf einen Machtkampf mit ihm aus. Meine innere Angst und Unsicherheit versuchte ich durch ein starkes und überlegenes Auftreten zu überspielen. Er und auch die anderen Lehrer waren mir gegenüber bald so hilflos, dass sie sich nicht anders zu helfen wussten, als mir eine Menge Strafen aufzubürden.

Durch mein provokatives Verhalten handelte ich mir auch etliche Ohrfeigen ein. Doch all diese Methoden nützten bei mir nichts, sondern lösten eher Trotzreaktionen aus. Ich verlor so manches Mal die Kontrolle über mich, schrie herum, schlug um mich und flippte regelrecht aus. Nach diesen «Anfällen» fand ich mich jeweils in einem verriegelten, gepolsterten Zimmer wieder, das speziell für solche «Notfälle» bereitgehalten wurde. Es dauerte immer sehr lange, bis ich mich wieder einigermaßen beruhigt hatte.

Zwei Mal pro Woche musste ich zu einem Therapeuten. Am Anfang führte er mit mir verschiedene Tests durch, die ich schon von früher her kannte. Später konnte ich dann das machen, wozu ich Lust hatte. Die erste Zeit sprach ich nie mit meinem Therapeuten, sondern flüchtete mich ins Malen oder saß einfach schweigend im Zimmer. Doch nach und nach fühlte ich mich freier.

Leider fiel es mir immer noch sehr schwer, meine Wünsche zu äußern, mich für etwas zu entscheiden oder über das zu sprechen, was mich beschäftigte, weil ich es ja nie gelernt hatte. Außerdem machte es mir große Angst, mit einem Mann allein zu sein. Immer saß ich auf der Lauer, misstrauisch und wie ein gehetztes Tier ständig bereit zu fliehen. Es war mir auch unmöglich, dem Therapeuten in die Augen zu sehen, da ich das als besonders bedrohlich empfand. Ich fürchtete mich davor, dass er möglicherweise durch meine Augen in mein Inneres sehen könnte und dann die ganze Wahrheit über mich entdecken würde. Schließlich sollte kein Mensch je von meinem «schmutzigen Geheimnis» erfahren. Ich hatte immer noch panische Angst vor den Konsequenzen, die mein Großvater mir nach wie vor androhte.

Mein bester Freund war in dieser so schwierigen Zeit mein Tagebuch, das ich schon zwei Jahre lang hatte. Dort konnte ich alles aufschreiben, was ich erlebte, was ich fühlte und dachte. Viele meiner Ängste und Unsicherheiten, Ekelgefühle und Verletzungen fanden hier ihren Platz. Ich schrieb auch zahlreiche Gedichte, durch die ich meinem Innersten Ausdruck verleihen konnte.

Es tat mir gut, wenigstens *ein* Ventil zu haben, um meinen Schmerzen Linderung zu verschaffen. Doch gleichzeitig litt ich auch darunter, dass ich mich verbal nicht gut ausdrücken konnte und immer wieder nach Worten ringen musste. Das Schreiben fiel mir hingegen viel leichter, da sprudelten die Worte nur so aus mir heraus (wenn auch damals noch mit vielen Schreibfehlern behaftet):

Es tut schrecklich weh,
wenn du mit deiner großen Hand
meinen kleinen Hals packst.
Es tut entsetzlich weh,
wenn du meine Beine
mit Seilen festmachst,
wenn ich meine Arme
nicht mehr bewegen kann.
Mein ganzer Körper ist wie Feuer,
wenn du in meinen kleinen Körper kommst.

Wie soll ich schlucken, wenn alles voll ist?
Wie soll es größer werden, wenn es doch so klein ist?
Du zwingst mich zum Schlucken
und machst es größer.
Es ist dir egal, wenn es schrecklich und zum Kotzen ist.
Es ist dir egal, wenn es blutet
und wenn ich glaube, dass es nicht mehr aufhört.
Es ist dir egal.
Hauptsache, es ist gut für dich,
wenn es größer und leer ist.

Weißt du, dass du mir alles kaputtgemacht hast?
Du hast alles gestohlen!
An einem Abend alles weg ...

Und immer noch
hast du nicht genug gestohlen und kaputtgemacht.
Immer wieder tust du mir entsetzlich weh.
Weshalb nur?

Ich habe Angst vor der Dunkelheit.
Ich habe Angst, wenn ich die knarrende Tür höre.
Ich habe Angst vor der großen Hand.
Ich habe Angst vor dem lauten Schnaufen.
Ich habe Angst, wenn sich der große Körper auf mich legt,
wenn alles um mich noch dunkler wird,
wenn ich das Atmen vergesse
und nur noch in meinem Herzen schreie:
Hör auf! Hör auf!
Dann weiß ich, dass es in zwei Stunden vorbei ist –
aber nicht vorbei
für heute,
für morgen,
für die nächsten Tage ...

Wenn sich alles an mir so schmutzig anfühlt,
wenn ich am liebsten
nicht mehr in meiner Haut stecken möchte,
dann stehe ich heute einmal mehr unter der Dusche
und versuche, all den Dreck und Schmerz abzuspülen.
Wenn ich meinen Körper wund kratze,
um nur den endlosen Schmutz rauszubringen,
dann weiß ich:
Heute habe ich einmal mehr gekämpft –
aber nur, um zu verlieren.

Gefühle, Ängste …

Es ist schwer in Worte zu fassen.
Doch wenn ich mich getraue,
all dem Schrecklichen und Gemeinen in meinem Leben
Worte zu geben, dann glaubt mir keiner.
Wozu dann versuchen, schöne Worte zu sagen,
wenn es doch niemand ernst nimmt?

Liebe –

ist das etwas Gutes?
Wenn es Schmerz, Hass und Grausamkeit bedeutet,
will ich es nicht!
Liebe –
das hört man überall.
Doch wisst ihr,
dass für manche Kinder
dieses Wort nicht existiert?

Könnt ihr euch vorstellen, wie ich mich fühle,
nachdem alles vorbei ist
und ich kaum noch etwas hinunterbringe,
während die Angst an mir nagt, ersticken zu müssen,
weil in meinem Mund alles voll ist?
Weshalb habt ihr Freude an Heften, die zeigen,
wie Kinder gequält und benutzt werden?
Und dann sagt ihr,
ich(!) sei auffallend gestört …

Im Beobachtungsheim – meinem neuen Zuhause – war ich in einer Mädchen-Wohngruppe untergebracht. Als zuständige Betreuer hatte unsere Achtergruppe drei Erzieherinnen und alle sechs Monate eine neue Praktikantin. Wenn eine von uns frech oder ungehorsam war, konnten die Strafen sehr hart sein – aber Schläge oder Liebesentzug gab es hier im Gegensatz zur Schule nie.

Das erstaunte und verwirrte mich, da ich bisher immer wieder Schläge erhalten hatte.

Ich tat alles, um mehr Liebe und Aufmerksamkeit zu bekommen. Mein Herz war so unersättlich und schrie nach Liebe und Geborgenheit. Im Heim sagten mir die Betreuer oft, ich sei ein Fass ohne Boden und könne nie genug bekommen, weil ich ein so großes Defizit an Liebe hätte.

Marianne, die Erzieherin, die für mich zuständig war, hatte viel Geduld mit mir, und ich spürte, dass sie mich wirklich lieb hatte. Oft konnte sie mich auch nicht verstehen, sagte mir das aber immer ehrlich und war mit offenen Armen für mich da. Solche Zuneigung war mir jedoch sehr fremd und machte mir Angst. Nur ganz selten konnte ich eine Umarmung zulassen. Marianne war offenbar Christin, und ihre Art überzeugte mich. Ich selbst betete zwar auch ab und zu, aber bisher hatte Gott meine Wünsche, dass ich doch wieder in meine Familie zurückdürfte, noch nie erhört.

Unter der «ewigen» Trennung von meinen Eltern litt ich am meisten. Das Wissen, nie mehr «für immer» nach Hause zu dürfen, tat mir weh, und ich hatte schreckliches Heimweh. Jedes zweite Wochenende konnten wir Kinder heim – doch ich verbrachte Freitagmittag bis Sonntagabend meistens bei meinen Großeltern und war damit wieder den Fantasien meines Großvaters ausgeliefert ...

4

Sieben Jahre Schweigen

Schon lange wurde darüber gesprochen, dass ich eigentlich in ein richtiges Heim wechseln müsste, weil dies hier nur eine Beobachtungsstation war und ich schon viel zu lange hier wohnte. Drei bis zwölf Monate waren in der Regel vorgesehen – ich aber war schon zwei Jahre hier. Lange Zeit fand man kein geeignetes Heim für mich, aber es stand fest, dass ich nur noch zwei Monate bleiben konnte. Als ich das erfuhr, verlor ich die Fassung und rastete völlig aus. Ich verwandelte das ganze Schulzimmer in ein einziges Chaos, riss alle Bilder herunter und zerfetzte sie in tausend Einzelteile. Während ich so tobte und wütete, wollte mich mein Lehrer festhalten, doch ich war nicht zu bremsen. Schließlich ergriffen mich mehrere Personen und hielten mich fest, während mir ein Pfleger eine Beruhigungsspritze in den Arm jagte.

Ich war über die Entscheidung maßlos enttäuscht und fühlte mich erneut abgelehnt. Einmal mehr schwor ich mir, nie wieder einem Erwachsenen zu vertrauen. Nie mehr! Eines Abends wollte ich sogar abhauen, doch als ich über den Balkon verschwinden wollte, rutschte ich aus, stürzte ab und erlitt dabei eine Rückenwirbel-Verletzung. Durch diesen Unfall war auch dieser Plan gescheitert.

Ich war so wütend und gleichzeitig hilflos wie ein kleines Kind. Ich konnte den Vollzug des Entscheids nicht aufhalten. Als meine Eltern von meinem Unfall erfuhren, ließen sie mir ausrichten, ich solle aufhören, ihnen noch mehr zuleide zu tun. Ich hätte ihnen schon genug Probleme aufgehalst. Das schmerzte mich fast noch mehr als die Nachricht, das Heim wechseln zu müssen. Ich hätte mir so gewünscht, dass sich meine Eltern nach meinem Ergehen erkundigen würden oder sogar zu Besuch kämen. Aber nach und nach begann ich mir einzugestehen, dass ich nicht erwünscht war und dass mich keiner aus der Familie vermisste, geschweige denn nach mir fragte.

Mit Peter, meinem Therapeuten, verbrachte ich in den mir noch verbleibenden Wochen eine recht gute Zeit. Häufig gingen wir am See spazieren, was mir ein wenig half, mich ihm gegenüber mehr zu öffnen. Weil ich mich in der Natur räumlich nicht eingesperrt fühlte, fiel es mir leichter, meine Probleme anzusprechen und Gedanken in Worte zu fassen. Ich schrieb Peter auch manchmal Briefe und Gedichte, doch was ich nie ansprach, war die Sache mit meinem Großvater. Dieses grausame Geheimnis! Noch immer war ich in Großvaters Händen, noch immer wirkte seine Drohung. Sie war mir förmlich eingefleischt.

Die letzten Tage, die ich noch im Beobachtungsheim verbrachte, waren gezählt. Noch einmal versuchte ich alles, um nur bleiben zu können. Ich strengte mich in der Schule ganz besonders an, was sonst gar nicht meine Art war. Ich war nicht mehr frech, kümmerte mich in der Gruppe um die Jüngeren und führte meine Aufgaben, für die ich im Heim zuständig war, zuverlässig aus. Um jeden Preis wollte ich es verhindern, dass ich weggehen musste. Ich wollte es einfach nicht glauben und fühlte mich von den Erwachsenen einmal mehr fallen gelassen.

Mein Therapeut Peter schenkte mir zum Abschluss eine «Hoffnung für alle», eine moderne Übersetzung der Bibel, in die er sogar eine persönliche Widmung geschrieben hatte. Er erwähnte darin auch, dass Gott seinen einzigen Sohn für mich gegeben hat; eine Aussage, die ich damals aber nicht verstand. Und doch war die Bibel ein sehr wertvolles Geschenk für mich. Ich weiß noch, dass ich sie in zwei Tagen quer durchgelesen hatte. Die vielen Fragen, die mir beim Lesen kamen, stellte ich ungeniert meiner Erzieherin Marianne. Als ich mich schließlich von ihr verabschieden musste, sprach ich noch einen Wunsch aus: «Bitte, Marianne, bete für mich.» Damals erfasste ich die Tragweite dieser Bitte noch nicht, und doch wurde in diesem Moment ein erstes Samenkorn in mein Herz gelegt.

Als meine Mutter mich ins neue Schulheim brachte, spiegelte das regnerische Wetter auch meine innere Stimmung wider: Alles in mir war grau, trüb und dunkel. Unterwegs sprachen wir kein einziges Wort miteinander. Das Schweigen war kaum zum Aushalten, und die Atmosphäre war sehr gespannt. Am Ziel angekommen, zeigten mir die Erzieher sogleich mein Zimmer, während meine Mutter nach einem flüchtigen, wortkargen Abschied ohne Emotionen eilends verschwand.

Da saß ich nun mit meinem Hab und Gut – zwei Koffern und etlichen Stofftieren – in meinem Zimmer. Am gleichen Abend kamen noch zwei Neue, ein Mädchen und ein Junge, so dass wir insgesamt acht Heimbewohner waren. Kaum recht gelandet, wurden wir auch bereits in unsere Ämter und in die Hausregeln eingeführt, denen wir Folge zu leisten hatten.

Schon am nächsten Tag drückten wir zum ersten Mal die Schulbank. Der Unterricht entpuppte sich für mich als einzige Qual, da ich mich kaum konzentrieren konnte. Der ständige Geräuschpegel der achtköpfigen Gruppe zehrte an meinen Nerven, und ich war jedes Mal froh, wenn die täglichen Schulstunden abgesessen waren.

In der neuen Gruppe musste ich sehr um meinen Platz kämpfen und mich behaupten, denn es gab etliche Störenfriede, die die Aufmerksamkeit viel schneller auf sich zogen als ich. Nach und nach ergab ich mich schließlich in mein neues Schicksal und lebte mich mehr oder weniger ein.

Eigentlich war es so vereinbart, dass alle Heimbewohner jedes zweite Wochenende nach Hause gehen durften. Doch da ich meine Wochenenden noch immer bei den Großeltern verbringen musste, begann am Ende jeder zweiten Woche ein «Horrortrip» für mich. Mein Großvater brachte mich am Sonntagabend meist höchstpersönlich zurück, damit er sich auf dem Weg ins Heim an einer abgelegenen Stelle noch ein letztes Mal ausgiebig an mir befriedigen konnte, bevor er wieder zwei Wochen lang verzichten musste. Die anderen Heimbewohner und Erzieher sahen in ihm den lieben und fürsorglichen Großvater und konnten mein ablehnendes Verhalten umso weniger verstehen. Seine gespielte Freundlichkeit vor anderen machte mich fast rasend: «Merkt denn keiner, was für ein Heuchler dieser Mann ist? Wenn ihr wüsstet, wie er *wirklich* ist! Aber ihr habt ja keine Ahnung ...»

Die Woche im Heim war so gut verplant, dass ich für mich selbst kaum Zeit hatte. Zwei Mal pro Woche hatte ich auch Einzelgespräche mit einem Therapeuten. Die Schule blieb für mich ein rotes Tuch, insbesondere die Fächer Rechnen und Deutsch. Nun machte sich auch meine bisherige Schulzeit bemerkbar, in der ich viel geschwänzt und nur selten Hausaufgaben gemacht hatte. Turnen, das Fach, das mir schon immer Freude bereitet hatte, gab es hier nicht, und als Heimschüler durften wir nicht einmal die Turnhalle der Dorfschule benutzen.

Im Heim fühlte ich mich ziemlich einsam. Weil wir uns ständig gegeneinander ausspielten und aufeinander eifersüchtig waren, fand ich innerhalb der Gruppe auch keine Freundin. In der wenigen Freizeit, die mir noch blieb, hütete ich kleine Kinder auf dem Spielplatz. Ich hatte kleine Kinder sehr gerne und fühlte mich bei ihnen sicher. Hier konnte ich etwas von mir geben und musste keine Angst haben, verletzt zu werden.

Eine andere Bewohnerin und ich waren die Ältesten der Gruppe, und dementsprechend hatten wir auch einige Privilegien: Wir durften am Abend länger aufbleiben, Filme anschauen und sogar einen Verein besuchen. Da ich den Sport sehr vermisste, ging ich bald in den Frauen-Fußballclub der nächstgelegenen Stadt, was ich sehr genoss. Es tat mir gut, mich sportlich betätigen zu können. Hier bekam ich Anerkennung und Lob für meine guten Leistungen. Der Fußballclub war die einzige Abwechslung von der tristen Atmosphäre im Heim. Dort mussten wir uns immer unterordnen und die Erzieher respektvoll behandeln. Weil mir das sehr schwer fiel und ich mich nur selten an diese Regeln hielt, musste ich regelmäßig Strafen und Maßnahmen wie Clubverbot, Hausarrest oder Zusatzaufgaben in Kauf nehmen.

Leider wechselten die Erzieher häufig, so dass wir auf Dauer nie dieselbe Bezugsperson hatten. Dadurch wurde alles nur noch komplizierter. So musste ich meine Geschichte und meine Probleme oft doppelt und dreifach erzählen.

Was mir auch schwer zusetzte, waren die gemeinsamen Therapie-Sitzungen, in denen alle Erzieher meiner Gruppe, der Familientherapeut, meine Eltern und ich in einem Raum saßen und darüber sprachen, was sich verändert hatte. Ich kam mir immer vor wie auf der Anklagebank eines Gerichts. Ich wurde verurteilt, meine Fehler wurden aufgezählt, aber man suchte nie gemeinsam nach einer Lösung. Ich erlebte nie, dass man sich darum bemühte, mich wieder in die Familie zu integrieren. Im Heim war ich ganz offensichtlich sicher verwahrt und konnte dadurch meinen Eltern keine zusätzlichen Probleme mehr bereiten.

Andere Heimbewohner waren schon oft mit dem Gesetz in Konflikt gekommen, was mir irgendwie imponierte. Ich gesellte mich immer häufiger zu dieser Clique. Ich rauchte heimlich mit ihnen, und wir heckten allerhand Unsinn miteinander aus. Ich fühlte mich besonders wohl und stark, wenn ich den Erwachsenen, die ich zutiefst hasste, eins auswischen konnte. Am meisten provozierte ich die Praktikantin, die das schwächste Glied in der Hierarchie der Heimbetreuer war. Ich trieb sie so manches Mal zur Weißglut und ergötzte mich daran, wenn sie sich dann ärgerte. Wir standen in einem dauernden Machtkampf. Wir ärgerten aber auch gerne Leute außerhalb des Heims, im Dorf, am Bahnhof, im Zug.

Andererseits war ich aber alles andere als stark und mutig, wenn sich alle zwei Wochen der Freitag näherte und ich wieder zu meinem Großvater oder ab und zu auch zu meinen Eltern gehen musste. Jedes Mal hatte ich Magenkrämpfe vor lauter Angst und Stress. Wenn ich zu den Großeltern musste, war mir schon schlecht, wenn ich nur an die sexuellen Spielchen dachte, die mich dort erwarteten. Wenn ich zwischendurch wieder zu meiner Familie durfte, hatte ich Angst vor dem Druck, etwas sagen zu müssen. Meine Mutter wollte immer, dass ich erzählte und über meine Gefühle und Gedanken sprach. Das Schlimme war ihre Erwartungshaltung, die mich völlig unter Druck setzte und innerlich umso mehr blockierte.

Wenn ich zu Hause ankam, waren meistens alle ausgeflogen. Ich verkroch mich dann entweder in mein Zimmer oder machte es mir vor dem Fernseher gemütlich. Ich versenkte mich in die «heile Welt», die mir dort vorgetäuscht wurde. Manchmal wünschte ich mir, eine bestimmte Person aus einer Serie oder einem Spielfilm sein zu dürfen. Diese Tagträume halfen mir ein wenig, mich nicht gar so einsam zu fühlen. Manchmal ging ich auch ins Hallenbad und stellte mir vor, ich sei Sport- oder Rettungstaucherin.

Wenn alle Bewohner vom Wochenende daheim zurückkehrten, erzählten die meisten, dass es schön war und was sie alles unternommen und erlebt hatten. Ich berichtete fast nie darüber, wie mein Wochenende verlaufen war. Für mich war es schmerzhaft, von den anderen zu hören, wie gut es ihnen ergangen war. Ich konnte es auch kaum ertragen, wenn die Eltern der anderen zu Besuch kamen. Denn meine Eltern kamen nie. Ich schien ihnen völlig gleichgültig zu sein. Die Situation mit meiner Familie war total aussichtslos und verkorkst. Immer schleppte ich die Probleme von daheim mit mir herum und brachte meine Gefühle, Enttäuschungen und Aggressionen auch wieder mit ins Heim zurück. Was mich besonders plagte, war ein ständiges Schuldgefühl meiner Mutter gegenüber. Sie hatte mich zwar adoptiert, sich dadurch aber scheinbar nur Probleme eingehandelt.

Mittlerweile war ich fünfzehn Jahre alt, doch mein Großvater ließ mich noch immer nicht in Ruhe. Sieben Jahre lang missbrauchte er mich nun schon. Ich spürte zunehmend, dass ich anders war als die anderen Mädchen meines Alters, da ich mich überhaupt nicht für das andere Geschlecht interessierte – im Gegenteil, ich hasste es! Andere in meinem Alter begannen damit, besonderen Wert auf ihr Äußeres zu legen, standen stundenlang vor dem Spiegel und flirteten mit den Jungs. Ich selbst wollte davon nichts wissen, sondern machte mir tiefsinnige Gedanken über die Welt, vor allem über eine bessere Welt.

Eines Morgens diskutierten wir in der Schule über gute und schlechte Geheimnisse und ihre Folgen, unter anderem auch über sexuellen Missbrauch. Nach diesem Morgen war ich ziemlich aufgewühlt und musste viel nachdenken. Mein Großvater hatte mich durch die sexuellen Übergriffe jeglicher Würde beraubt. Er hatte das Innerste meiner Person zerstört. Ebenso demütigend war die Macht, die er über mich hatte und ausspielte, indem er mich immer wieder dazu zwang, mich als Mensch und Frau vollständig zu erniedrigen. Immer wieder band er mich mit Stricken oder Bett-Tüchern fest, so dass ich mich weder bewegen noch wehren konnte. Er hatte meinen Willen systematisch gebrochen, indem er mir immer wieder damit drohte, mich umzubringen, falls ich mich wehren würde. Außerdem sei ich das Kind einer Hure und müsse darum stillhalten.

Durch diese Methoden und die äußerst wirksamen Einschüchterungen verlor ich jeden Anflug von Eigeninitiative, Willensäußerung und Selbstwertgefühl. Mein Ich stumpfte immer mehr ab, und die kleine Flamme meines Willens wurde immer kleiner, bis sie plötzlich erlosch.

Ich mein Tagebuch schrieb ich zu jener Zeit:

«In meinem Herzen schreie ich nach Liebe, doch ich bekomme nur tiefe Ablehnung. In meinem Herzen schreie ich nach Wärme, doch ich bekomme nur Kälte. In meinem Herzen schreie ich nach Geborgenheit, doch was ich bekomme, macht mein Herz zu Stein. Ist es denn zu viel verlangt, wenn ich mich nach Menschen sehne, die mich einfach nur gern haben, die nicht meinen Körper wollen – sondern einfach mich?

Doch ich frage mich, ob es mich, die Melanie, noch gibt. Ist sie nicht schon vor sehr langer Zeit gestorben, abgestorben? Hat sie all die quälenden Momente, Tage, Monate, Jahre wirklich überlebt? Ist sie nicht gestorben, als der kleine Körper aufs Äußerste gequält wurde, als nur das ‹Benutzen› zählte und die Begierde, so schnell wie möglich auf ‹Hochtouren› zu kommen?

Ist es nicht grausam, Kinder zu quälen, die so unschuldig sind? Ist es nicht grausam, jede Öffnung des Kinderkörpers zu stopfen, sie zum Überlaufen zu bringen mit einer Flüssigkeit, die eigentlich nicht dorthin darf?

Ist es denn zu viel verlangt, wenn ein solches Kind innerlich nach Leben schreit? Es hätte doch das Recht dazu, so klein, wie es ist. Es will doch nur leben! Ist das zu viel verlangt? Doch jetzt ist es zu spät, so wie ein Kind zu sein, weil das Kindsein gestohlen wurde, geraubt, ausgetrieben.»

Körperlich litt ich immer wieder unter Verletzungen im Intimbereich. Ich hatte Infektionen und Pilze, so dass ich einem ständigen Juckreiz ausgesetzt war. Weil ich aber so gut wie nie zu einem Arzt ging, schon gar nicht zu einem Gynäkologen, und es auch niemand für nötig hielt, mich dorthin zu schicken, ertrug ich die Schmerzen schweigend.

Seelisch war ich ein einziges Wrack. Ich fühlte mich ausgenutzt, ausgeraubt, und mein Ich war schon seit dem ersten Übergriff stückweise getötet worden. Es war, wie wenn man mir mein Herz herausgerissen hätte. Ich litt unter panischer Angst, hatte Horror vor Dunkelheit und vor geschlossenen Räumen. Ich bekam Panik, wenn sich ein Mann näherte, und war allergisch auf den Rauch von Zigarren, da mein qualmender Großvater immer von einer Wolke seiner Stumpen eingehüllt war. Am meisten plagten mich die Selbstmordgedanken. Mein Leben erschien mir so sinnlos. Ich hatte doch schon alles verloren, was gab es da noch zu leben?

Nach außen zeigte ich nichts von meinen Verletzungen, sondern überspielte mein Elend durch aggressives Verhalten, tiefen Hass und kaum unterdrückte Zerstörungswut. Oft fügte ich mir aber auch selbst Schmerzen zu, indem ich mir beispielsweise mit einer Rasierklinge die Haut ritzte, bis es blutete. Ich wollte dadurch spüren, ob ich noch existierte, da ich meinen Körper kaum noch fühlte. Oft sah ich in den Spiegel, musste aber feststellen, dass mir die Person, die mich da anstarrte, völlig fremd war: «Dich kenne ich nicht, so wie du mich anschaust.» Vom Gespür her hatte ich keinerlei Verbindung zu meinem Körper und zu meinem Aussehen.

Ich tat mir aber auch weh, um meinem Selbsthass Ausdruck zu verleihen. Ich hatte das tiefe Gefühl, an allem schuld zu sein und immer wieder in Situationen zu geraten, aus denen es gar keinen Ausweg mehr gab. So redete ich mir ein, ich sei selbst für alles verantwortlich und würde einfach immer alles verderben.

Irgendwann hatte ich mich aber doch fest entschlossen, meinem langen Schweigen endlich ein Ende zu setzen. Da ich mich mit einer Erzieherin ziemlich gut verstand, entschied ich mich, ihr alles zu erzählen. Am Abend, bevor wir das Licht löschen mussten, bat ich Eva, zu mir ins Zimmer zu kommen. Sie setzte sich auf meinen Bettrand und wartete geduldig. Ich nahm all meinen Mut zusammen und erzählte ihr stockend, was mein Großvater in den letzten sieben Jahren alles von mir gewollt und was er mir angetan hatte. Es war mir sehr peinlich und kostete mich enorme Überwindung, all diese intimen Dinge zu formulieren.

Als ich meine Schilderungen beendet hatte, herrschte betretenes Schweigen. Ich hätte mir gewünscht, dass Eva mich ein wenig festgehalten oder wenigstens ihre Gefühle gezeigt hätte. Sie aber stand auf, dankte für mein Vertrauen und sagte, sie werde es morgen dem Team melden.

Dieser Abgang schmerzte mehr als all die Ohrfeigen, die ich mir bis dahin schon eingehandelt hatte. Ich bereute zutiefst, dass ich mein Geheimnis preisgegeben und die schmutzigen Machenschaften meines Großvaters ausgesprochen hatte. Ich fühlte mich so nackt, so hilflos und den Händen der Erwachsenen ausgeliefert. Was würde mich am anderen Morgen erwarten? Ich hatte fürchterliche Angst, wälzte mich lange in meinem Bett hin und her und fiel erst spät in einen unruhigen Schlaf voller Albträume.

5

Verraten und verkauft

Am nächsten Morgen kroch ich schon früh aus den Federn. Ich musste morgens beim Bauern in der Nähe Milch holen. Dies war die mir zugeteilte Aufgabe. Ich genoss die Stille draußen immer sehr, und während ich auf die Milch wartete, ging ich oft in den Kuhstall und betrachtete die Kälber. Meist wechselten die Bäuerin und ich noch einige Worte über den Heim-Alltag. Ich mochte sie sehr, denn sie strahlte viel Liebe aus, und in ihrer Gegenwart fühlte ich mich wohl. Jedes Mal, bevor ich mich wieder auf den Rückweg ins Heim machte, gab sie mir für unterwegs eine Honigschnitte mit. Diese Zeit am Morgen war immer ein kleiner Lichtblick und eine Abwechslung im tristen Alltag, und in der Stille konnte ich noch ein bisschen auftanken, bevor mich der Lärm beim Frühstück überrollte. Diese Geräuschkulisse ging mir sehr auf die Nerven, weil ich eher ein Morgenmuffel war und das ununterbrochene Geplapper zu so früher Stunde überhaupt nicht vertrug.

An diesem Morgen war ich jedoch mit meinen Gedanken weit weg, so dass ich den Krach im Hintergrund kaum bemerkte. Ich dachte nochmals an den gestrigen Abend zurück, der so anders verlaufen war, als ich mir das gewünscht hatte. Ob sie mir wohl glauben würden? Außerdem hatte ich wahnsinnige Angst, denn noch immer klangen mir die Drohungen meines Großvaters in den Ohren.

Noch am gleichen Tag wurde eine außerordentliche Sitzung anberaumt, an der alle Heimleiter und Erzieher inklusive meiner Eltern teilnahmen. Nachdem der Heimleiter das Gespräch begonnen hatte, übergab er mir das

Wort. Ich sollte noch einmal alles erzählen, was ich am Vorabend der Erzieherin anvertraut hatte. Ich fühlte einen dicken Kloß im Hals, in meinem Magen drehte sich alles und mein Kopf war wie leer, denn alle starrten mich mit großen, erwartungsvollen Augen an. Meine Mutter saß neben mir, und diese Nähe machte mir zusätzlich Angst.

Ich begann stockend zu erzählen, doch es war mir sehr peinlich, da ich ziemlich ins Detail gehen musste. Ich fühlte mich wieder so entblößt und schwach. Was würde nun folgen?

Als ich mit dem Erzählen fertig war, herrschte unerträgliche Stille, bis meine Mutter plötzlich aufschrie: «Das glaube ich einfach nicht! Das kann nicht sein! Wie kannst du nur meinen Vater so unverschämt verleumden? Das ist eine bodenlose Frechheit!» Mein Vater sagte kein Wort, doch ich wusste genau: Von diesem Moment an war ich nicht mehr seine Tochter.

Am Ende der Sitzung sagte man mir, dass es besser sei, wenn ich am Wochenende nicht mehr nach Hause ginge. Es liege an meinen Eltern, nun auch eine ärztliche Untersuchung zu verlangen. Doch dieser Aufforderung kamen sie nicht nach – sie wollten keine Beweise! Das Gruppengespräch wurde an diesem Tag mit dem Fazit beendet, dass ich ab sofort einen festen Erziehungs-Beistand bräuchte, der mit mir meine Zukunft regelte. Mein Leben wurde somit aus der Hand meiner Adoptiveltern in die Hand eines Beistands weitergereicht. Meine Aktenmappe sollte einer weiteren Person übergeben werden, auf dass ein Mensch mehr in mein Leben hineinreden und über mich und meine Zukunft verfügen sollte. Das konnte ich fast nicht ertragen.

Weil ich es in dieser Runde nicht mehr aushielt, verließ ich als Erste den Raum. Ich rannte, bis ich völlig außer Atem war. Ich wollte nur noch weg – aber wohin? Meine Gefühle spielten verrückt, und ich selbst drehte fast durch. Es war schrecklich. Ich fühlte mich verraten und verkauft. Weder meine Eltern wollten mir glauben noch die Erzieher. Sie gaben mir zu verstehen, dass ich die Geschichte wohl nicht so ganz der Wahrheit entsprechend erzählt hätte.

Ab sofort bekam ich eine junge Frau als Beistand. Als sie mir vorgestellt wurde, war ich so garstig zu ihr, wie ich nur konnte. Ich wollte keine weitere Person, die sich vordergründig um mich kümmerte und alles, was mein Leben und meine Zukunft betraf, für mich entschied – so wie alle Erwachsenen bisher. Oh, wie ich das hasste; wie ich *sie alle* hasste! Doch alles Rebellieren half nichts. Sie konnten Entscheidungen über mich treffen, und niemanden interessierte es auch nur annähernd, wie ich mich dabei fühlte oder was ich dachte und wollte.

Eine dieser Entscheidungen war, dass ich ab sofort eine Art Wochenend-Familie bekam, um ab und zu andere Luft zu schnuppern. Leider wurde dieses junge Pärchen gleich über meinen Hintergrund und meine Probleme informiert. Ich selbst bekam gar keine Chance, vorbehaltlos empfangen zu werden. Und deswegen wollte ich mich überhaupt nicht mit dieser Familie anfreunden.

Doch mit der Zeit gewöhnte ich mich an die Situation. Das Ehepaar hatte einen kleinen Sohn von etwa sechs Monaten, mit dem ich mich beschäftigen konnte. Umso weniger musste ich mit seinen Eltern reden! An den Sonntagen gingen sie immer in die Kirche, und deshalb war ich froh, dass ich an diesem Tag mit dem Frauen-Fußballclub meistens ein Match hatte. Wenn kein Spiel war, ging ich wohl oder übel mit in die Kirche – eine Ausrede hatte ich dann keine. Das Wochenende ging glücklicherweise meist schnell vorüber.

Aufgrund meiner Aussagen gegen meinen Großvater wurden die gemeinsamen Sitzungen mit der Familie gestrichen, so dass ich zu meinen Adoptiveltern keinen Kontakt mehr hatte. Ich fühlte mich verletzt, traurig und im Stich gelassen.

Für mich begann eine schwierige Zeit – in der Gruppe und mit mir selbst. Ich ließ mir nichts mehr sagen, rebellierte äußerlich zwar noch mehr, doch innerlich wurde ich zunehmend von Depressionen und Selbstmordgedanken geplagt. Es war lange her, seit ich das letzte Mal gelacht hatte. Ich fühlte mich selbst nicht mehr.

Durch die Schulstunden schleppte ich mich mühsam und war froh, wenn man mich während des Unterrichts in Ruhe ließ. Mein Lehrer war ein sehr geduldiger, ruhiger Mensch, doch ich war fest davon überzeugt, dass er mich hasste, weil ich die geforderten Leistungen nicht erbrachte. Ich litt zudem unter großer Prüfungsangst.

Die Frau des Lehrers war oft in der Schule. Sie war sehr nett und verstand es, mich ein wenig aus meinem Schneckenhaus herauszulocken. Sie hatte eine ganz besondere Art und lud mich manchmal sogar spontan zu ihnen nach Hause zum Essen ein. Ich durfte regelmäßig ihre Kinder hüten, was mir großen Spaß machte und mir ein wenig Selbstvertrauen gab, denn in diesem Bereich fühlte ich mich sicher. Mit der Zeit bauten wir sogar eine Beziehung auf, was für mich etwas ganz Neues war.

Mein Lehrer sagte mir oft, dass er mich mochte, unabhängig von meinen Leistungen in der Schule, und dass er mir helfen wollte, die Prüfungsangst zu bekämpfen und zu überwinden. Ich glaube, damals hatten wir einen Weg gefunden, richtig miteinander umzugehen. Ich wurde sichtbar besser in der Schule, und der Unterricht machte mir dadurch auch mehr Freude. Doch die Zeit in der Gruppe war nach wie vor sehr eintönig und öde. Und so hatte ich viel Freiraum zum Nachdenken und schmiedete innerlich bald einen Plan.

Eines Tages fasste ich den Entschluss, diesen Plan auch in die Tat umzusetzen: Ich würde meinen Großvater zwingen, die Wahrheit zu sagen. Ein Geständnis, einen eindeutigen Beweis – das wollte ich von ihm, und das würde er mir auch geben! Ich ging mit einem batteriebetriebenen

Kassettenrecorder in eine Telefonzelle und wählte die Nummer meiner Großeltern. Als meine Großmutter den Hörer abnahm, ließ ich mir schnell eine Geschichte einfallen und sagte, ich sei Tina aus dem Gartenbauamt.

Der Trick funktionierte, und schließlich hatte ich meinen Großvater am anderen Ende der Leitung. Schnell drückte ich die «Record»-Taste. Ich bat ihn, meiner Mutter die Wahrheit zu sagen und ihr zu gestehen, was er mit mir getan hatte. Da ich kein Mikrofon besaß, drückte ich einfach das Gerät an die Hörmuschel, sobald er sprach. Er erwiderte nur, er sei schwer krank und werde sich nicht noch mehr Probleme schaffen oder sich belasten. Ende des Gesprächs.

Gespannt spulte ich die Kassette zurück und hörte das Band ab, doch kein Ton war zu hören. Damals wusste ich nicht, warum meine Technik nicht funktionierte. Ich war niedergeschlagen und enttäuscht, dass mein Plan nicht gelang. «Ich *muss* es doch beweisen!» dachte ich verzweifelt. «Ich möchte doch nicht, dass alles kaputt ist.»

Ich litt darunter, dass ich von meinen Eltern nichts mehr hörte. Es war nun schon zwei Monate her, seit wir uns das letzte Mal gesehen hatten – damals bei diesem schrecklichen «Gruppengespräch».

Am nächsten Tag wiederholte ich das Ganze, und dieses Mal hatte ich meinen Großvater gleich auf Anhieb am anderen Ende. Wieder drückte ich auf «Record». Ich bat ihn nochmals, alles meiner Mutter zu erzählen. Doch er sagte nur: «Nein. Weshalb auch? Mir hat es Spaß gemacht!» Nach diesem kurzen Kommentar legte er wieder auf. Leider hatte die Aufnahme auch diesmal nicht funktioniert.

Als ich ins Heim zurückging, schwor ich mir, nicht aufzugeben. Ich musste es doch schaffen, ihn herumzukriegen! Am selben Abend rief mich allerdings mein Vater an und befahl mir, sofort damit aufzuhören, meinen Großvater mit derartigen Telefonaten zu belästigen.

Er sei schwer krank. «Ich wollte doch nur, dass ihr endlich wisst, dass ich die Wahrheit sage!» erwiderte ich. Doch mein Vater tat so, als hätte er es nicht gehört. Er ging überhaupt nicht darauf ein.

Einmal mehr schwor ich mir, mit meinem Drängen nicht aufzuhören, bis mein Großvater vor meinen Eltern mit der Wahrheit herausrücken würde. Doch kurze Zeit später starb er, und mit ihm mein letzter Zeuge – meine letzte Chance. Bald darauf rief mich meine Mutter an und sagte mir, dass ich meinen Erbteil von Großvater sicher nicht haben wollte. Sie hätte das Geld an eine Organisation gespendet. Ich glaube, so wie sie es sagte, wollte sie mich damit keinesfalls bestrafen oder ungerecht behandeln. Mir schien es eher, als würde sie mich verstehen, ja, vielleicht glaubte sie mir sogar, konnte oder wollte es aber nicht zugeben.

Der Tod meines Großvaters war für mich schlimm. Nicht weil er tot war, denn das bedeutete für mich ja die Erlösung der körperlichen Quälereien durch ihn. Nein, es war schlimm, weil nun all meine Hoffnungen zunichte gemacht wurden. Wie sollte ich das Geschehene je beweisen können? Es ging mir immer schlechter, in mir tobte ein harter Kampf. Ich konnte es einfach nicht verstehen, warum sich meine Eltern für meinen Großvater und somit gegen mich entschieden hatten.

Wieder einmal musste ich zu meiner Wochenend-Familie gehen. Am Samstagabend schlich ich mich noch spät aus dem Haus und streunte ziellos in den Straßen umher. Es fiel mir schwer, die Ruhe zu ertragen. Ich konnte Stille einfach nicht aushalten. Ich war durch und durch ruhelos. Immer häufiger hatte ich mit meinen Wochenend-Eltern Auseinandersetzungen, und schon bald teilten sie der Heimleitung mit, sie seien mit mir eindeutig überfordert. So verbrachte ich meine Wochenenden von nun an wieder im Heim.

6

Das Verlangen nach Jessica

Im Heim waren wir ziemlich frei. Insbesondere am Wochenende fragte uns niemand, was wir konkret unternahmen. Meistens ging ich mit meiner Freundin ins Kino, oder wir lungerten in den verschiedensten Kneipen herum. In der Regel nahmen wir den letztmöglichen Zug zurück ins Heim. Ich war froh, dass mein Wochenende meistens mit Filmen und Fußballturnieren ausgefüllt war. Ich konnte mir nicht vorstellen, den ganzen Tag über im Heim zu sitzen. Immer musste bei mir etwas laufen, denn ich hatte furchtbare Angst davor, dass die Ruhe mich einholen könnte.

Wenn ich einmal wirklich keine Flucht- oder Ablenkungs-Möglichkeit fand, unterhielt ich mich mit Fantasie-Figuren, die nur in meiner Traumwelt existierten – die mir jedoch, großer Pluspunkt, gerne zuhörten! Nicht einmal am Tisch konnte ich ruhig sitzen, sondern zappelte ununterbrochen nervös herum. Es fiel mir auch schwer, mich auf eine bestimmte Sache zu konzentrieren. Meist machte ich verschiedene Dinge auf einmal.

Jedes Wochenende war ich darauf aus, etwas Neues und noch Besseres zu erleben. Natürlich kostete es auch immer mehr. Weil wir bald pleite waren, beschlossen wir, uns unter der Woche irgendwie Geld zu «beschaffen». Zunächst verkauften wir unser persönliches Hab und Gut, unter anderem unsere Musikkassetten. Als wir nichts mehr zu entbehren hatten, gingen wir zu Ladendiebstählen in den verschiedensten Geschäften über. Mit der Zeit wurde das Stehlen für uns zur Routine. Nervosität und Angst nahmen ab, und wir riskierten immer mehr. Erwischt wurden wir nie, und diese aufregenden «Unternehmungen» stellten eine willkommene Abwechslung in unserem demoralisierenden Heim-Alltag dar.

Eines Abends lernten wir einen Jungen kennen, der Aufputschtabletten verkaufte. Er versprach uns das Blaue vom Himmel, so dass wir uns in unserer Naivität überreden ließen und ihm einige Pillen abkauften. Nachdem wir die «Wundermittel» zusammen mit Alkohol geschluckt hatten, kam in uns ein wunderschönes Gefühl auf, das wir in vollen Zügen genossen – bis die Wirkung der Tabletten nachließ. Ein paar Mal erlebten wir diese Hochgefühle. Doch an einem Samstagabend hatten wir offenbar andere Mittel bekommen als bisher, und diesmal war ihre Wirkung schrecklich: Alles drehte sich um uns, wir sahen überdimensionale Dinge, hatten Halluzinationen und fühlten uns hundeelend.

Nach diesem Horrortrip schworen wir uns zwar, nie wieder solches Zeug zu nehmen. Doch nun waren wir erneut auf der Suche nach irgendetwas, das uns froh und glücklich machen konnte. Wie zwei gehetzte Tiere irrten wir rastlos umher in der Hoffnung, irgendwann unsere Sehnsucht gestillt zu bekommen.

Im Fußballclub verstand ich mich mit Jessica besonders gut. Ihre ganze Art und Persönlichkeit übte eine große Anziehungskraft auf mich aus. Sie war für mich wie eine ältere Schwester und ein Vorbild. Mit ihr konnte ich mich für meine Verhältnisse recht gut unterhalten, und wir redeten auch viel miteinander. Im Duschraum waren wir oft die Letzten nach einem Turnier. Wenn ich beim Duschen ihren nackten Körper beobachtete, erfasste mich oft ein seltsames Kribbeln. Mir fiel auch auf, dass sie mich oft berührte. Als sie mir eines Tages beim Ankleiden ihre Gedanken und Gefühle verriet, überraschte mich das nicht einmal: «Du, Melanie, ich fühle mich von dir stark angezogen. Ich mag dich wirklich sehr!» Im Grunde empfand ich ihr gegenüber ja genauso. Allerdings sagte ich ihr, dass sie Geduld mit mir haben müsste, da es mir ziemlich schwer fiele, Gefühle so offen zu zeigen oder auszusprechen. Außerdem hätte ich mit Körperkontakt schlechte Erfahrungen gemacht.

So wuchs unsere Beziehung in die Tiefe, wurde aber auch immer intimer. Wir erlebten viele schöne Dinge gemeinsam, lebten unsere gegenseitige Zuneigung aber eher heimlich aus. Zugegeben, die Freundschaft war eher einseitig, denn da ich kaum sprach, erzählte Jessica umso mehr, stellte mir viele Fragen und war immer diejenige, welche die Initiative ergriff. Sie wollte auch jede Menge über meine Kindheit wissen, wobei ich ihr aber gar nicht viel sagen konnte, weil alles so verzwickt und kompliziert war. Ich hatte immer noch Mühe, meine Vergangenheit in Worte zu fassen. Jessie war darüber zu Recht enttäuscht.

Oft waren wir bei ihr daheim, wo wir meist intimer wurden. Häufig legte sie ihre Hand auf meinen Oberschenkel, was ich als recht angenehm empfand. Bei und mit Jessica war ich entspannt. Vor Frauen hatte ich keine Angst, während ich mir solche Zärtlichkeiten bei einem Mann nicht vorstellen konnte.

Jessica sagte mir oft, dass sie mich sehr gerne habe und sich bei mir wohl fühle. Sie war etliche Jahre älter als ich und strahlte eine mütterlich beschirmende Art aus. Manchmal gab es Augenblicke, in denen ich mich wirklich «aufgehoben» und geborgen bei ihr fühlte. Und wenn sie mich streichelte, empfand ich das nicht unbedingt als abstoßend, weil sie mir gegenüber sehr sanft war.

Einige Zeit blieb es bei derartigen Zärtlichkeiten, doch nach und nach gingen wir weiter. Immer häufiger lagen wir bei ihr im Bett und streichelten uns gegenseitig an intimen Stellen. Doch auf irgendeine Weise machten mir diese Berührungen Angst, und ich war froh, dass wir dabei wenigstens angezogen blieben. Zwar war dieses Streicheln nicht mit Gewalt verbunden, doch in mir begann auf einmal ein Muster abzulaufen, das ich vom Missbrauch durch meinen Großvater her kannte: Ich wurde wie ein Roboter und machte mechanisch alles mit, was Jessie mir vorschlug. Ich fühlte mich viel wohler, wenn ich einfach neben ihr liegen konnte, wobei sich von Zeit zu Zeit auch etwas zu «regen drohte». Ich hatte ein Verlangen nach mehr und gleichzeitig wahnsinnig Angst davor, zu weit zu gehen. In mir war wieder einmal ein absolutes Gefühls-Chaos, das mich komplett verwirrte. Ich sehnte mich innerlich nach echter Geborgenheit, und ich erlebte Jessie oft auch als sehr feinfühlig und zärtlich. Und doch brachte es mir nicht *die* Erfüllung.

Im Heim stand für mich ein interner Wechsel vor der Türe. Da ich nun sechzehn Jahre alt war, musste ich in die Lehrlingsgruppe, eine so genannte Außenwohngruppe, überwechseln. Von hier aus besuchte ich die zehnte Klasse. In unserer Gruppe waren wir alle gleich alt und hatten zwei Erzieher und eine Praktikantin, die für uns zuständig waren. Jeder von uns bekam seine Bezugsperson. Obwohl die Atmosphäre allgemein lockerer war als bisher, empfand ich Markus, meine Bezugsperson, als sehr streng. Er war mir alles andere als sympathisch.

Mit einem Mädchen aus der Gruppe verstand ich mich dafür besonders gut, weil wir uns von der Art her sehr ähnlich waren – äußerlich allerdings gar nicht. Ich hielt noch nichts vom Schminken und war eher wie ein Junge gekleidet. Andere Mädchen in meinem Alter verbrachten Stunden vor dem Spiegel, doch für mich war das langweilig und pure Zeitverschwendung. Ich wollte außerdem keinem Mann gefallen, im Gegensatz zu meiner Wohngenossin, die immer um ihr Aussehen besorgt war.

An meinem knabenhaften Benehmen störte sich besonders mein Erzieher. Markus hatte immer etwas Neues an mir auszusetzen. Mal störten ihn meine kurzen Haare, dann mein lausiges Benehmen, ein anderes Mal meine Kleidung. Immer wieder schlug er mir vor, dass ich mich schminken sollte, und prophezeite mir, dass ich nie einen Freund bekäme, wenn ich so weitermachen würde – ein guter Tipp! Wenn er diese Bemerkungen machte, nervte mich das immer sehr, vor allem wenn er mich mit meiner Wohngenossin verglich.

Wenn ich sonntags kein Fußballturnier hatte, nahm Markus mich oft mit zu sich nach Hause, denn jeder Erzieher konnte entscheiden, ob er mit seinen Zöglingen im Heim blieb oder ob er sie mit sich nahm. Am Anfang war es eigentlich noch ganz gut und seine Frau war ziemlich nett, doch mit der Zeit ödeten mich diese Wochenenden an, vor allem wenn Markus mich auch vor seiner Frau fertig machte und an mir herumkritisierte. Immer wieder erinnerte er mich daran, dass ich mich endlich wie eine Frau benehmen sollte. Weil er ja meine Bezugsperson war, versuchte er auch ständig, mich dazu zu bringen, über meine Probleme zu reden. Doch vor ihm wollte ich nun wirklich keinen «Seelen-Striptease» machen, und folglich schwieg ich ihn an. Ich konnte ihm einfach nicht vertrauen und fühlte mich von ihm eher unter Druck gesetzt, wenn er mich mit seinen Fragen in die Enge trieb.

Von der Außenwohngruppe ging ich in die Frauenfachschule, eine Art Hauswirtschaftsschule. Wir hatten dort einen sehr guten Klassengeist, und ich fühlte mich wirklich am richtigen Platz. Schon nach kurzer Zeit wurde ich zur Klassensprecherin ernannt und übernahm dieses Amt gerne. Weil wir nicht so viel Mathematik- und Deutsch-Unterricht hatten wie bisher, sondern der Schwerpunkt der Fächer eher auf Kochen, Turnen, Handarbeit und Werken lag, fiel mir der Unterricht auch viel leichter.

Einige von uns machten sich tief schürfende Gedanken über die Welt, über Gerechtigkeit und den Sinn des Lebens. Wir diskutierten oft miteinander und gründeten nach einiger Zeit einen Club, zu dem wir uns regelmäßig trafen, meist bei jemandem zu Hause. Wir sammelten zu verschiedenen Themen Unterlagen, informierten uns und überlegten, wie wir helfen könnten.

Eines unserer Ziele war, uns für schwächere Schüler einzusetzen. Also machten wir eine Liste mit den Schülern, die besonders verachtet wurden und als Außenseiter verschrien waren. Wir teilten uns auf, so dass jeder für eine Gruppe von Jugendlichen verantwortlich war, um die er sich ein wenig kümmern sollte. Wir besprachen Möglichkeiten und tauschten untereinander aus, wir planten und organisierten Feste für Jugendliche. Wir hatten viele gute Ideen und Vorschläge und waren bestens motiviert. Mir tat es gut, mich hier einbringen zu können, endlich einmal gebraucht zu werden und dazuzugehören. Wir hatten in unserem Club viel Spaß miteinander, denn meistens ging es recht lustig zu. Es gab immer viel zu lachen.

Doch in der Außenwohngruppe wurde ich immer rebellischer und hielt mich kaum an die Regeln. Oft kam ich zu spät zurück ins Heim, machte meine Ämter nicht oder boykottierte alles. Ich konnte mich einfach nicht an irgendwelche Abmachungen halten, die wir zuvor getroffen hatten. Ich fühlte mich dann wie im Käfig, total eingeengt, und hatte enorme Mühe, wenn andere über mich bestimmen und verfügen wollten. So musste ich immer wieder Konsequenzen auf mich nehmen: Hausarrest zum Beispiel oder zusätzliche Ämter. Auf diese Art wollten sie mich wieder zur Besinnung bringen und mich zwingen, Verantwortung zu übernehmen.

Hausarrest war für mich eine echte Strafe, da ich es in meinem Zimmer kaum eine halbe Stunde aushielt. Ich war dann total ruhelos und brauchte ständig eine ablenkende Beschäftigung, um nicht über mich, die Familiensituation, meine Vergangenheit oder die Zukunft nachdenken zu müssen. Diese Gedanken trieben mich immer tiefer in die Verzweiflung, weil ich dachte, dass sowieso alles aussichtslos und nicht mehr zu ändern wäre.

7

In die Enge getrieben

Markus, meine Bezugsperson in der Außenwohngruppe, ging mir zunehmend auf die Nerven. Immer
wollte er mit mir über meine Probleme sprechen und
mich zum Reden zwingen. Für mich war es, als wenn er
über mich herrschen und Macht ausüben wollte. Doch
ich blieb immer still und schwieg ihn an, was ihn wiederum wütend machte.

Im Grunde wusste er überhaupt nicht, wie er mir
begegnen und auf mich eingehen sollte. Er wollte mir
zwar helfen, doch eigentlich war er hilflos, weil er mit
mir keinen Schritt vorwärts kam. Immer wieder betonte
er, dass er mir ein Vater sein wollte. Doch schon allein
beim Gedanken an dieses Vater-Sein ekelte es mich.
Häufig kam er mir körperlich zu nahe, berührte mich
auf unangenehme Weise und nutzte seine Machtposition
als Erzieher und Bezugsperson aus.

Seine Fragen waren unüberlegt, gefühllos und für
mich sehr schmerzhaft. Er bohrte immer wieder in
meinen wunden Stellen herum, indem er fragte, warum ich nicht zu Hause bleiben konnte und was ich
dabei empfunden hatte, als man mir sagte, dass ich
nicht mehr nach Hause zurückkehren dürfe. Er verhielt
sich so, als wäre er mein Psychiater und ich seine
Patientin. Das Gespräch sah er als Hilfe für mich, doch
er musste mir die Worte förmlich aus der Nase ziehen.
Diese «psychologischen» Gespräche mit ihm liefen
ungefähr folgendermaßen ab:

Ich sitze in seinem kleinen Büro mit dem Rücken zur Wand, während er mir gegenüber – jedoch ziemlich nah bei mir – Platz nimmt.

Markus: «Nun, Melanie, erzähl doch mal, was dich bedrückt, wenn du an zu Hause denkst.»

Ich: *Innerlich schreie ich: «Das geht dich überhaupt nichts an.» Doch zu Markus sage ich:* «Dass ich wieder nach Hause möchte.»

Markus: «Aber das hast du dir doch selber eingebrockt mit der Aussage gegen deinen Großvater.»

Stille.

Ich: *Denke: «Also glaubst du mir auch nicht, nützt aber die Information ganz frech für dich aus, um an mich heranzukommen. Wie ich dich hasse!» Sage aber:* «Ich möchte nicht mit dir darüber sprechen.»

Markus: «Siehst du, du bist völlig verklemmt. Wieso sprichst du nicht darüber? Damit stellst du dir selbst ein Bein. Du musst mit mir darüber reden, denn sonst hast du ja niemanden. Vergiss nicht, dass du von mir abhängig bist und dass du nur aus dem Heim herauskommst, wenn du über deine Probleme sprichst!»

Ich: *Denke: «Du hast ja selbst ein Problem. Sonst müsstest du mich nicht so belästigen.» Sage zu ihm:* «Mir geht es gut.»

Markus: *Rückt näher zu mir und legt seine Hand auf meinen Oberschenkel.* «Komm schon, sei nicht so zimperlich. Ich weiß, dass du mich brauchst!»

Ich: *Rücke so weit wie möglich von ihm weg, doch ich sitze schon an der Wand. Versuche, ihm auszuweichen.* «Ich möchte jemand anderen zum Reden!»

Markus: «Du weißt, dass das nicht möglich ist. Ich bin deine Bezugsperson. Du musst also mit mir vorlieb nehmen. Werde endlich erwachsen, Melanie, und beginne damit, deinen Problemen in die Augen zu sehen. Du musst darüber reden!»

Ich: *Denke: «Du bist mein größtes Problem! Ich hasse dich!» Sage dann aber:* «Ich brauche Zeit!» *und verlasse den Raum.*

Eines Morgens kam Markus in mein Zimmer, das ich zu der Zeit noch mit einem anderen Mädchen teilte. Während ich noch halb am Schlafen war, setzte er sich zu mir an den Bettrand und begann mich mit seiner Hand zu massieren – zuerst die Schulter, dann den Rücken. Ich wurde stocksteif und bekam wieder einmal furchtbare Angst.

Mir waren seine Berührungen sehr unangenehm, doch getraute ich mich nicht, etwas zu sagen oder mich zu wehren. Ich war wie gelähmt und stellte mich schlafend. Seine Hand rutschte aber immer weiter hinunter, und schließlich berührte er mich an intimen Stellen. Das Ganze war mir extrem peinlich und unangenehm, und ich hasste ihn jetzt noch mehr, als ich es bisher ohnehin schon tat.

Endlich ging er aus meinem Zimmer, während mich der Ekel erfasste. Ich wusste damals noch nicht, dass er so etwas niemals hätte tun dürfen, und dachte mir, dass das vielleicht normal sei und dass andere das auch so machten. Eigentlich wollte ich mich wehren, doch ich hatte große Angst, dass es dann nur noch schlimmer werden würde und Markus in den gemeinsamen Sitzungen der Erzieher und der Heimleitung wieder allerhand Falsches und Schlechtes über mich reden könnte. So duldete ich seine Übergriffe lange Zeit.

Eines Morgens erwachte ich wieder, als er auf meinem Bett saß und mich «bearbeitete». Ich sagte ihm deutlich, er solle damit aufhören, es sei mir sehr unangenehm und ich wolle das nicht. Doch er erwiderte nur, dass ich doch stillhalten solle, er wolle mir nur Gutes tun und mir zeigen, dass er kein schlechter Mensch sei.

Diese Situation war unerträglich für mich, denn die Erinnerungen an den Missbrauch durch meinen Großvater überrollten mich von neuem.

Gleichzeitig wusste ich, dass Markus Macht über mich hatte und ich von ihm abhängig war. Er beeinflusste und bestimmte mein Leben. Er sagte, wann ich Strafe verdiente. Würde ich mich wehren, dann hätte er mich und meine Zukunft in seiner Hand. Und ich wusste, er würde danach alles versuchen, um mir zu schaden. So blieb ich zwar still, wenn er sich über mich hermachte, doch in mir tobte es. Ich wurde immer aggressiver. Nach außen hin gab ich ihm umso mehr das Gefühl, dass er mich weder verletzen noch beherrschen könne. Ich lebte nach dem Grundsatz: «Du musst stark sein, um zu überleben!» Dieses Motto hatte ich mir schon von klein auf verinnerlicht und in vielen verletzenden Situationen eingeübt.

Über den Missbrauch durch Markus sprach ich zunächst mit niemandem im Heim, nicht einmal im Schulclub, doch ich litt natürlich unter dem, was geschah. Oft blieb ich einfach länger in der Schule oder in der Stadt, um ja nicht zu früh zurückzukommen und dann Markus begegnen zu müssen. Ich wollte ihm keine Rechenschaft mehr über mein Leben ablegen. Es ging ihn nichts an, was ich machte, dachte oder fühlte. Der Hass gegen ihn fraß mich zusehends auf.

Wieder einmal war es eines dieser Wochenenden, das ich zusammen mit Markus in der Außenwohngruppe verbrachte. Wieder einmal hatte er Dienst, und ich war die Einzige, die Samstag und Sonntag in der Lehrlingsgruppe verbringen musste.

Als ich auf dem Sofa im Aufenthaltsraum saß, setzte er sich ganz nah neben mich und legte seinen Arm um meine Schultern. Vor Schreck wurde ich wie schon früher ganz steif und hatte große Angst vor dem, was nun kommen würde. Ich ekelte mich vor seinen Berührungen, war aber einfach nicht fähig, aufzustehen und wegzugehen.

In mir tobt der Sturm,
reißt mein Innerstes hin und her, zerreißt es fast.
Gefühlschaos – alles ist durcheinander.
Ungeordnete Gedanken quälen mich,

lassen sich weder greifen noch weiterdenken.
Angst kriecht langsam hoch;
feuchtkalte Finger wollen mich packen
und sich tief in mein Fleisch eingraben.
Ich will weglaufen, doch meine Beine sind zu schwer;
tausend Gewichte ziehen mich runter
und vereiteln jede Flucht.

Er ging weiter und betastete meinen Busen und meine Oberschenkel, wobei er wiederholt sagte, ich solle mich doch wehren. Gerade weil er die ganze Geschichte mit meinem Großvater kannte, nutzte er meine Hilflosigkeit aus. Ich konnte einfach nicht verstehen, warum er so handelte, wenn er doch alles wusste. Mit einer Hand hielt er mich fest, und mit der anderen begrapschte er mich überall, wo er nur konnte, und dabei sagte er die ganze Zeit, ich solle mich doch wehren. Ich müsse es lernen, mich zu wehren, jetzt sei eine gute Gelegenheit dazu. Ich wusste aber beim besten Willen nicht, wie ich mich wehren sollte.

In meinem Herzen bohrte ein tiefer Schmerz. Ich sagte Markus, er solle damit aufhören, ich hätte seine Berührungen nicht gern. Doch er reagierte überhaupt nicht darauf. Dann versuchte ich mich loszumachen, doch er hielt mich mit eisernem Griff fest und spielte weiter mit mir. Immer wieder griff er mit seiner großen Hand in meinen Intimbereich oder betatschte meine Brüste.

Die ganze Situation war nur noch demütigend für mich, der seelische Schmerz war unerträglich. Seit langer Zeit weinte ich zum ersten Mal wieder. Zuerst liefen mir nur leise Tränen die Wangen herunter, die ich krampfhaft zu verbergen versuchte. Doch danach überrollte mich ein Schluchzen, das zu einem regelrechten Tränenschwall ausartete. Ich konnte mich kaum beruhigen, wenn ich es auch immer wieder versuchte. Ich weinte, weinte, weinte und spürte meine tiefe Einsamkeit in ihrem ganzen Ausmaß. Ich kam mir so allein und hilflos vor, so betrogen.

Stumme Tränen schimmern;
hinterlassen ihre Spuren im Gesicht.
Scham bahnt sich ihren Weg
und treibt das Wasser in meine Augen.
Ich kämpfe gegen die Niederlage, schwach zu sein;
doch die Kraft hat mich schon lange verlassen.

Entblößt, gedemütigt und verwundet
lasse ich ihn weiter zerstören.
Der Schmerz nimmt zu und droht mich zu zerreißen.
Wasserbäche ergießen sich.
Schluchzen übermannt mich – so wie er, mein Feind.

Ich kann mich nicht mehr halten.
Ich breche zusammen.
Ein Häufchen Elend.
Doch du tötest weiter.

Wieder einmal hatte ich vor einer Autoritätsperson versagt und konnte mich nicht durchsetzen. Wie sollte ich mich verhalten? Wie sollte ich mich wehren? Ich wollte kein Opfer sein und saß doch in der Falle. Ich war gefangen und hatte keine Möglichkeit zu entkommen. Es war mir so entsetzlich zumute, ich fühlte mich entblößt und entwürdigt. Nach einer für mich ewigen Zeit ließ Markus endlich von mir ab.

Das restliche Wochenende verbrachte ich meist in meinem Zimmer oder ging bewusst in die Stadt, um nicht mit meinem Peiniger allein sein zu müssen. In der folgenden Woche plagte mich dieses Erlebnis stark. Ich hatte aber keinen Mut, mit jemandem darüber zu sprechen. Ich hatte im Grunde zu niemandem Vertrauen und fürchtete mich vor der Reaktion der anderen und vor weiteren negativen Konsequenzen. Das hatte ich ja alles schon einmal erlebt.

Wieder einmal gab ich mir selbst die Schuld für den Vorfall. Weil ich das Gefühl hatte, dass die anderen Erzieher sowieso nicht zu mir halten und mir nicht glauben würden, ging es mir in der nächsten Zeit schlecht. Mir wurde einmal mehr bewusst, dass mein Leben, wie auch das der anderen Bewohner, in den Händen von Erwachsenen lag und dass sie mit uns im Grunde machen konnten, was sie wollten.

Es vergingen etwa drei Wochen, doch ich konnte den Übergriff von Markus einfach nicht vergessen. Tag und Nacht verfolgte mich die ganze Sache. Irgendwann konnte ich nicht mehr anders und fragte eine Erzieherin, mit der ich mich bisher ganz gut verstanden hatte, ob ein Erwachsener ein Kind oder einen Jugendlichen überall berühren dürfe. Ich fragte sie auch, wie andere reagieren würden, wenn so etwas ans Licht käme oder entdeckt würde.

Sie schaute mich mit großen Augen an und schien das Ganze nicht so recht einordnen zu können. Für sie war es schwierig, eine Antwort zu geben, und sie wusste nicht, wie sie das von mir Gesagte einschätzen sollte, weil ich ja nur ein Beispiel gegeben hatte. Sie sagte mir, dass so etwas strafbar sei und dass ein Erwachsener das nicht machen dürfe, weder ein Erzieher, ein Lehrer noch sonst jemand.

Diese Antwort überraschte mich sehr, doch ich schwieg. Wahrscheinlich hatte diese Erzieherin etwas geahnt, da meine Frage wohl ziemlich seltsam gestellt war. Sie konnte sich zusammenreimen, dass möglicherweise zwischen Markus und mir etwas gelaufen war. So brachte sie das Ganze im Team und bei der Heimleitung zur Sprache, worauf die Heimleitung Markus ansprach, ob etwas in dieser Richtung mit mir vorgefallen sei. Natürlich leugnete er es und sagte, dass dies wieder erfundenes Zeug von mir sei und nicht stimme. Er hätte noch nie seine Kompetenz überschritten oder in irgendeiner Art Annäherungsversuche gemacht. Für dieses Mal war das Thema also geklärt und kam vorerst nicht mehr zur Sprache.

Nicht lange danach kam er in mein Zimmer und sagte mir, ich müsse mit solchen Aussagen vorsichtig sein, da ich doch bestimmt nicht noch länger im Heim bleiben oder sogar verlegt werden wolle. Mit seinen Worten verdrehte er das Geschehene und setzte mich dermaßen unter Druck, dass ich wieder annehmen musste, ich sei an allem schuld und würde alles durcheinander bringen – wie schon damals im Gespräch mit meinen Eltern wegen der Geschichte mit meinem Großvater. Also blieb ich von nun an schön still und ließ so manches über mich ergehen ...

In dem Club, den wir in der Schule gegründet hatten, trafen wir gegenseitige Abmachungen. Wir versprachen uns zum Beispiel, dass wir nie mit Drogen in Konflikt kommen würden und dass wir uns für die Außenseiter in unserer Klasse einsetzen wollten. Dieser Club gab mir vorübergehend ein Stück weit Halt und Sicherheit. Dort konnte ich ganz ich selbst sein. Ich spürte, dass ich angenommen war. Meist war ich sogar die Anführerin und hatte das Sagen. Doch auch hier trieb mich die Unruhe an, und ich war nur zufrieden, wenn etwas lief.

Das «Commercio», eine Kneipe, war unser Treffpunkt. Hier verkehrten allerhand Leute, auch solche, die mit Haschisch oder anderen Drogen zu tun hatten, und hier brachen wir auch zum ersten Mal unseren Schwur, nie mit Rauschmitteln in Kontakt zu kommen. Wir begannen damit, von Zeit zu Zeit Haschisch zu rauchen, uns nur ein bisschen gehen zu lassen und das schöne Gefühl auszukosten, das sich in uns breit machte, wenn die Wirkung der Joints einsetzte und uns benebelte. Oft kauften wir auch selbst Haschisch und teilten es in der Gruppe auf. Schon bald trafen wir uns nicht mehr, um über unsere Fragen zu diskutieren oder über den Sinn des Lebens nachzudenken, sondern um uns mit den Drogen in eine «heilere Welt» zu beamen.

In der Schule wurde unsere Veränderung allerdings rasch bemerkt, da wir häufig so «abgefahren» waren, dass wir nur noch vor uns hin kicherten und herumalberten. Die Konzentration ließ immer mehr nach, und unsere Schulleistungen nahmen merklich ab. Leider wurde auch Markus bald über meinem Zustand informiert, insbesondere über meine schlechten Leistungen. Er stellte mich zur Rede, doch ich sagte, ich wisse nicht, was er meine, und wolle auch nicht darüber sprechen. Daraufhin musste ich zweimal in der Woche eine Urinprobe abgeben, damit ein möglicher Drogenkonsum nachgewiesen werden konnte.

Ich musste von da an vorsichtiger sein und dafür sorgen, dass ich bei einer solchen Kontrolle «sauber» war. Weil man mir angedroht hatte, dass ein Nachweis schwere Konsequenzen für mich hätte, konnte ich auch gut mehrere Wochen hintereinander auf meine Joints verzichten und sogar mit dem Rauchen aufhören.

Als die Urinkontrollen nach einiger Zeit fallen gelassen wurden, fing ich sofort wieder mit dem Rauchen an – genauso wie mit dem Haschischkonsum. Ich dachte: «Bald habe ich meine obligatorische Schulzeit überstanden. Dann ist mir sowieso alles egal!»

Die Übergriffe meines Erziehers wurden immer stärker. Ständig versuchte er, seinen Dienst zu wechseln, um mehr Zeit mit mir verbringen und mich zum Gespräch «ermutigen» zu können. Er gab als Grund einfach an, dass er öfter Gespräche mit mir haben müsse – und man glaubte ihm das. In keinem stieg der Verdacht auf, dass dabei irgendetwas faul sein und falsch laufen könnte.

Eines Abends war ich eigentlich schon fast am Einschlafen, als er in mein Zimmer trat. Ich war zu der Zeit allein. Wieder einmal setzte er sich auf mein Bett und berührte mich mit seiner Hand an intimen Stellen. Ich versteifte mich sofort und wartete ängstlich, was jetzt wohl passieren würde. Sollte ich alles über mich ergehen lassen? Oder sollte ich mich wehren? Aber was sollte das bringen? Mir würde ja sowieso niemand Glauben schenken. Vielleicht war es ja sogar normal, dass Erwachsene oder Autoritätspersonen so etwas machen durften?!

Ich war mir immer noch nicht sicher, ob ich auch wirklich das Recht hatte, mich zu wehren, und schlüpfte deshalb wieder in die alte Opferrolle, in der ich alles über mich ergehen ließ. Markus drang mehrmals in mich ein und sagte mir, er wolle mir zeigen, wie schön es sei. Männer hätten nämlich nicht nur böse Absichten, es könne auch ganz anders sein als mit meinem Großvater. Er zwang mich dazu, seinen Penis in die Hand und auch in den Mund nehmen.

Vor Markus ekelte ich mich genauso wie vor meinem Großvater. In mir kochte die Wut, und am liebsten hätte ich ihm eine runtergehauen – aber ich konnte nicht. Mir fehlten der Mut und die Kraft dazu.

Die Nacht hat mich überrollt,
Dunkelheit umgibt mich.
Ich taste im Finstern und sehe den Weg nicht mehr.
Stolpernd torkle ich weiter –
doch nur, um überall anzustoßen.
Um mich herum eine dicke, hohe Mauer,
unüberwindbar, drohend.
Mir wird bewusst: Ich bin gefangen –
kein Zurück und auch keine Zukunft.
Wie bin ich hier nur hineingeraten?
Fesseln umschlingen mich,
Hände halten mich fest und wollen mich binden.

Worte strömen über mich
und sprechen mir mein Innerstes ab.
Ich muss mich verleugnen,
über meinen Schatten springen
und sterbe langsam durch dein Töten.
Mein körperloser Körper folgt gehorsam,
schleppt sich weiter – gefangen im Käfig –
in deiner grausamen Gewalt,
abhängig von deinen Launen.
Doch mein Ich wirst du nicht finden –
es hofft auf die Morgendämmerung!

Nach diesem Vorfall war ich wie betäubt und versuchte wieder, Markus möglichst aus dem Weg zu gehen. Vor den anderen ließ ich ihn spüren, dass ich ihn zutiefst verachtete und hasste.

Um mir wenigstens etwas Erleichterung zu verschaffen, schrieb ich an diesem Abend in mein Tagebuch:

«Du presst mich aus, als wäre ich eine Zitrone. Aber vergiss nicht: An meine Seele kommst du nicht heran, denn sie ist schon lange nicht mehr in meinem Körper. Du willst mir zeigen, dass nicht alle Männer so sind, indem du mich vergewaltigst, mit deiner Macht spielst und mich handhabst, als wäre ich eine Marionette. Aber vergiss nicht: An meine Seele kommst du nicht heran, denn sie ist schon lange nicht mehr in meinem Körper! Du zwingst mich dazu, mich zu schminken, mich wie eine junge Frau zu kleiden und mich so zu verhalten. Du willst es nur, damit du dich befriedigen kannst. Aber vergiss nicht: An meine Seele kommst du nicht heran, denn sie ist schon lange nicht mehr in meinem Körper!

Du bist so abstoßend, so Ekel erregend. Irgendwann werde ich nicht mehr in deiner Hand sein, auch wenn es bedeuten könnte, dass ich sterbe. Das wäre meine Erlösung! Doch das Schlimmste ist, dass dann ein anderes unschuldiges Kind dran glauben muss. Aber vergiss nicht: Auch dessen Seele wirst du nicht bekommen!»

An einem anderen Tag schrieb ich:
«Du hast mich gequält, du hast mich gedemütigt, du hast mich benutzt wie eine in die Ecke geworfene Puppe, als ich versuchte, mich zu wehren. Du hast deine Macht bis ans Limit und weit darüber hinaus ausgenützt. Es war erschreckend grauenvoll, als du dich wie ein Tier über mich hergemacht hast. Du wolltest meine Seele, meinen Willen, meine Rebellion brechen, abtöten – und dann sagst du, dass nicht alle Männer so sind, wie ich es bisher erlebt habe? Das Einzige, was du mir gegeben hast, war die Bestätigung, dass Männer zum Kotzen sind, wilde Tiere, grausam!»

Die anderen Erzieher nahmen wohl an, ich sei eine besonders aggressive Person und hätte grundsätzlich Probleme mit Männern aufgrund meiner negativen Erfahrungen von früher. Häufig fiel das Wort «rebellisch» oder «nicht anpassungsfähig», um mein Verhalten in den Gesprächen, welche die Leiter untereinander hatten, zu beschreiben. Ich sei schwer erziehbar, und es müsse eine andere Lösung gesucht werden.

Ich war immer wieder nah dran, die ganze Sache mit Markus aufzudecken, doch meist sank mir schnell der Mut. Ich wollte eigentlich mit Eva, der Erzieherin, darüber reden, der ich damals schon die ganze Sache mit meinem Großvater berichtet hatte. Sie hatte inzwischen auch in die Außenwohngruppe gewechselt. Aber würde sie mir wohl helfen? Wie würde sie reagieren? Und würde sie mir überhaupt glauben? Offene Fragen. Darum dachte ich wieder, dass ich mit all dem selbst fertig werden müsste und lieber keinem Erwachsenen trauen sollte.

Das Trauma, zum zweiten Mal einem Mann zum Opfer gefallen zu sein und mich wieder nicht wehren zu können, quälte mich Tag und Nacht. Solange ich mit niemandem darüber sprechen konnte, war das Tagebuch mein einziger Trost:

«Ich wollte so gerne einfach nur mal leben, wollte wie ein Teenager sein, wollte genießen und in die Zukunft sehen. Ich frage mich, was dich dazu bringt, mich so zu quälen, zu demütigen und so auszunehmen. Das Wenige, das noch von mir übrig war, hast du zunichte gemacht. Meine Hoffnungen, meine Wünsche, mein ganzes Leben hast du in Schutt und Asche verwandelt. Du hast mir mit deinem großen Ding qualvolle Schmerzen zugefügt. Tag für Tag war ich deinem Terror ausgeliefert. Tag für Tag hast du mich ausgeschlachtet. Weshalb nur? Was habe ich dir getan?»

8

Wer glaubt mir schon?

Weil meine Leistungen in der Schule alarmierend zurückgingen und weil bekannt war, dass ich mit Dealern und auch mit Drogenabhängigen Kontakt hatte, wurde beschlossen, dass Markus mich in Zukunft vom Bahnhof abholen lassen sollte. Meist kam er selbst. Einmal, auf dem Weg in Richtung Außenwohngruppe, hielt er auf einem Parkplatz an und sagte mir: «Dass du eines weißt: Wenn du irgendjemandem, ob einem Erzieher, Lehrer oder gar der Heimleitung, etwas erzählst, dann bringe ich mich um. Ich habe daheim eine Waffe. Falls das geschehen sollte, bist du alleine schuld und trägst die Verantwortung für meine Familie und für das, was du ihr angetan hast. Haben wir uns da richtig verstanden? Du kannst wählen, was du willst.»

Ich war total schockiert und glaubte wirklich, dass er sich umbringen würde. Ich war überzeugt, dass ich auf keinen Fall etwas sagen dürfte. Als wir endlich in der Außenwohngruppe ankamen, verzog ich mich gleich in mein Zimmer und war komplett verwirrt, denn ich wusste wirklich nicht, was ich tun sollte. Ich fühlte mich so entsetzlich allein wie schon während all dieser Jahre und wie auch schon in meiner Kindheit – wie eigentlich schon immer. Ich hatte Angst und sah keine Zukunft mehr vor mir. Von neuem überrollten mich schwere Depressionen, doch weinen konnte ich nicht, weil ich all meine Gefühle unterdrückte. Aber es tat entsetzlich weh. Ich war lebensmüde und fühlte mich wie tot.

Das Sterben geht weiter.
Stückweise kündigt sich das Ende an
und dringt tiefer in mein Seelenleben.
Der Tod will triumphieren und versucht,
die letzten Reste des Lebens
unter seine Gewalt zu zwingen.
Er will mich töten und zerstören,
verletzen, quälen, bezwingen,
foltert mich in Raten
und tötet mich langsam.
Es schmerzt dumpf und stechend,
durchbohrt mein Innerstes
und will mich zerreißen.
Ich will entkommen,
einfach weit, weit weg –
aber wohin?

An diesem Abend kam eine Erzieherin, die Dienst hatte, in mein Zimmer und fragte mich zu meiner Überraschung, wie es mir gehe. Sie war eine verständnisvolle Person, jung und irgendwie sympathisch. Ich glaube, in diesem Augenblick schrie ich das ganze Elend geradezu aus mir heraus, all die Erniedrigungen der letzten Monate. Ich erzählte alles, ohne an die Konsequenzen zu denken, die mir Markus eingetrichtert hatte. Ich musste es einfach loswerden.

Die Erzieherin saß betroffen auf meinem Bett und wusste im ersten Moment gar nicht, was sie sagen sollte. Dann wollte sie mir den Arm um meine Schultern legen, doch ich zuckte zusammen, weil ich körperliche Nähe nicht mehr ertragen konnte. Sie sah mich traurig an und sagte mir, dass sie diese Aussage nicht für sich behalten dürfe, weil das Vorgefallene strafbar sei.

An diesem Abend sah ich Markus zum letzten Mal. Er wurde ins Büro des Heimleiters gebeten und erhielt die fristlose Kündigung. Als der Heimleiter daraufhin in unsere Gruppe kam, zitterte ich vor Angst. Er verkündete, dass Markus nicht mehr zu uns kommen würde, weil etwas vorgefallen sei, das es ihm unmöglich mache, je wieder zurückzukommen. Danach sah er mich an und sagte: «Und mit dir habe ich auch noch ein Wörtchen zu reden.»

Am nächsten Tag hatte ich mit den anderen Erziehern der Gruppe und dem Heimleiter ein Gespräch, wobei ich große Angst hatte. Der Leiter sagte mir, es sei eigentlich meine Schuld, dass Markus gehen musste. Vielleicht hätte ich mich ja wie ein Flittchen benommen. Im Grunde gab er mir zu verstehen, dass er mir die ganze Geschichte nicht recht glaubte. Es war ihm zwar klar, dass Markus mir zu nahe gekommen war, aber mehr wusste er nicht. Auch die anderen Erzieher standen plötzlich auf der Seite des Heimleiters. Niemand setzte sich für mich ein. Ich fühlte mich hintergangen und allein. Wieder einmal bereute ich, dass ich etwas gesagt hatte. Warum hatte ich meine Gefühle den Erwachsenen gegenüber offenbart und mich entblößt und verletzlich gemacht?

Auch für mich hatte das Geständnis Konsequenzen: Ich wurde aus dem Schulheim ausgewiesen. Man teilte mir das Datum mit, bis wann ich das Heim zu verlassen hatte. So musste ich mit meiner Beiständin vereinbaren, wie es in Zukunft für mich weitergehen sollte. Es war Spätherbst, und bis zum Frühling musste ich mein Zimmer geräumt haben.

Meine Beiständin versuchte immer wieder, zwischen meiner Familie und mir zu vermitteln. Es war lange her, seit ich meine Familie das letzte Mal gesehen hatte. Seitdem ich von dem Missbrauch durch meinen Großvater erzählt hatte, waren die Fronten verhärtet. Meine Eltern glaubten mir einfach nicht, und deshalb war das letzte «Vertrauensfünkchen» erloschen. Meine Beiständin redete auch wiederholt mit der Heimleitung, ob es nicht eine andere Möglichkeit für mich gäbe, damit ich wenigstens meine Lehre als Fachverkäuferin in einer Zoo-Handlung vom Heim aus beginnen konnte. Doch der Entschluss stand fest, und daran gab es nichts mehr zu rütteln. Man sagte einfach, es sei erstens von Seiten meiner Eltern keine Bereitschaft zur Zusammenarbeit da, und außerdem rede Melanie ja sowieso nicht über ihre Probleme.

Für mich war die Situation im Heim fast unerträglich. Ich fühlte mich so einsam und unverstanden – ja, fallen gelassen. Neben diesen Gefühlen hatte ich auch oft den Eindruck, dass ich mich selbst nicht kannte. Wer war die wirkliche Melanie? Ich spürte mich nicht. Oft sah ich in den Spiegel und fragte mich: «Bin ich das?» Meine Depressionen, die mich schon seit Jahren begleiteten, wurden immer stärker. Ich wollte häufig einfach nur sterben.

Ich schleppte mich auch nur noch durch die Schulstunden, und nicht einmal der Schulclub machte mir noch Freude. Inzwischen schwänzten wir oft den Unterricht und trafen uns stattdessen im City-Salon, spielten Würfel, tranken Alkohol und rauchten Haschisch. Mehrmals versuchte ich, die Frage anzuschneiden, was eigentlich der Sinn des Lebens sein könnte und weshalb wir eigentlich auf dieser Welt sind. Doch die anderen erwiderten nur: «Ach, weißt du, genieße jetzt einfach das Leben. Über den Rest machen wir uns noch keine Gedanken.» Das war's für sie. Ich litt unter ihrer Oberflächlichkeit und suchte weiter nach einer Antwort. Je mehr ich über diese Fragen nachdachte, umso hoffnungsloser wurde ich.

Bald fiel unser häufiges Schwänzen auch dem Schuldirektor auf, woraufhin er jede Einzelne zu sich ins Büro bat und wissen wollte, was wir machten, wenn wir dem Unterricht fernblieben. Als ich an der Reihe war, zitterte alles in mir. Die anderen versuchten mich zu beruhigen, dass es nicht so schlimm sei. Doch ich traute ihnen nicht. Derartige Situationen hatte ich schon zur Genüge erlebt. Und so wartete ich angespannt auf das, was mich erwarten würde.

Schließlich ging ich in sein Büro und setzte mich. Der Direktor stand am Fenster und hatte mir den Rücken zugewandt. Als er sich zu mir umdrehte, schaute er mich lange an, was mir sehr unangenehm war, da ich niemandem in die Augen blicken konnte. Es machte mir Angst, wenn mich jemand direkt betrachtete. Ich war der Überzeugung, jeder könne mich in so einem Moment durchschauen und meine Unsicherheit erkennen, was mich sehr bedrohte. Außerdem war mein Blick ebenso unruhig wie der gesamte Rest von mir. Sollte ich jemandem in die Augen schauen, so hieß das für mich, ruhig sitzen zu müssen. Und das stellte für mich ein Ding der Unmöglichkeit dar. So versuchte ich, dem Direktor auszuweichen. Ich senkte den Kopf.

Er begann leise zu sprechen und fragte mich nach meinem Ergehen. Er wollte wissen, was der Grund sei, weshalb ich keine Freude an der Schule mehr hätte, wo ich doch so gut sei im Turnen, Werken und Englisch. Seine Frage erstaunte mich, weil es so ungewöhnlich war für mich, dass sich jemand nach meinem Befinden erkundigte. Ich wusste erst gar nicht, was ich darauf antworten sollte, und sagte dann, es gehe mir gut und ich wolle mich anstrengen, wieder besser zu werden.

Als der Direktor näher auf mich zukam, verkrampfte sich alles in mir. Ich nahm sofort eine Abwehrhaltung ein. Wie ein verängstigtes Tier saß ich da. Sobald er merkte, dass ich Angst hatte, machte er wieder einen Schritt zurück und sah mich ganz komisch, aber auch betroffen an. Nach einer kurzen Pause murmelte er, dass er nochmals ein Auge zudrücken werde, doch das nächste Mal müsse er es dem Heim melden. Ich könne aber jederzeit zu ihm kommen, wenn ich ein Problem hätte oder jemanden zum Reden bräuchte. Erleichtert und noch ganz überrascht von dem Gespräch verließ ich sein Büro.

Das Fußballtraining hatte mir bisher immer ein wenig Halt gegeben. Allerdings ließ mein Einsatz auch dort ziemlich stark nach, was die Trainerin sehr unzufrieden machte, so dass sie mich aufforderte, mehr Leistung zu bringen und disziplinierter zu werden. Sie war eine harte Frau, die sehr viel Autorität ausstrahlte und alles von einem forderte. Eine solche Autoritätsperson fehlte mir gerade noch. Ich konnte nur schlecht damit umgehen und ließ sie oft spüren, dass ich sie nicht akzeptierte, indem ich ihr keinerlei Achtung entgegenbrachte. Ich hasste Autoritätspersonen, ich hasste überhaupt alle erwachsenen Menschen.

Auch die Beziehung zu Jessie, meiner Fußballfreundin, begann zu bröckeln. Ich redete nur noch selten mit ihr, konnte es auch gar nicht mehr, was sie mir zum Vorwurf machte. Sie konnte mich und mein Verhalten einfach nicht verstehen. Wie hätte sie es auch verstehen sollen?

Eines Abends sagte ich ihr, dass ich sie zwar gerne hätte, dass mir aber fast immer die Worte fehlten, um mich auszudrücken. Schon allein diesen einen Satz zu sagen, kostete mich alles. Ich stockte, überlegte und musste immer wieder lange Pausen einlegen, bis ich wieder einen Brocken hervorbrachte. Mein Leben sei außerdem extrem kompliziert, stammelte ich, und doch wolle ich sie auf keinen Fall verlieren. Sie antwortete mir darauf: «Weißt du, Melanie, wenn du nicht mit mir sprichst, dann können wir unsere Beziehung auch gleich vergessen!»

Ich war so enttäuscht, und ihre Worte verletzten mich. Aus meiner Verzweiflung heraus reagierte ich dann sehr schroff, indem ich zu ihr sagte: «Gut, wenn das so ist, dann verschwinde ich aus deinem Leben. Ich habe deine intimen Berührungen schon immer gehasst!» Ich wusste zwar, dass das so nicht stimmte, aber ich wollte ihr bewusst wehtun.

Nach diesem Vorfall trennten sich unsere Wege. Es war gleichzeitig auch mein letzter Trainingsabend. Ich wollte alles hinter mir lassen: die strenge Trainerin, das Team und meine Freundin Jessica – doch ich vermisste sie trotz allem sehr.

Jessie war vier Jahre älter als ich und für mich eine Art Mutter gewesen. Sie hatte mir viel körperliche Nähe und Geborgenheit geschenkt und war eine Person, vor der ich keine Angst hatte. Erst nach unserer Trennung wurde mir bewusst, wie abhängig ich von ihr war, auch körperlich. An dem Tag schwor ich mir, nie wieder eine solche Hörigkeit zu entwickeln. Abhängigkeit grenzte mich ein und beraubte mich meiner Freiheit, die ich mir dann immer wieder mühsam zurückerobern musste. In der Tat: Bisher hatten ständig andere über mich bestimmt. Davon hatte ich nun endgültig genug!

In die Außenwohngruppe kam ich jetzt eigentlich nur noch zum Essen und zum Schlafen. Mit den einzelnen Gruppenteilnehmern redete ich kaum noch, mit den Erziehern schon gar nicht mehr. Sie waren sowieso froh, wenn sie so wenig wie möglich mit mir zu tun hatten, und ich war zufrieden, wenn sie mich in Ruhe ließen.

Inzwischen gab es praktisch keinen Tag mehr, an dem ich nicht sterben wollte. Depressionen gehörten zu mir wie der Buckel zu Quasimodo. Weder Lachen noch Weinen waren mir möglich. Beides gehörte schon lange der Vergangenheit an. Ich wusste auch gar nicht mehr, wie es sich anfühlte – überhaupt fühlte ich nichts mehr. Immer wieder fragte ich mich, wieso ich überhaupt noch am Leben war. Ich dachte ernsthaft darüber nach, dass es besser gewesen wäre, wenn ich bei der Geburt gestorben wäre. Morgens wusste ich nicht, wie ich den vor mir liegenden Tag überleben sollte. Die Verzweiflung und Rastlosigkeit ließen mich nie zur Ruhe kommen.

An einem Samstagabend ging ich wie immer in die Stadt, verbissen auf der Suche nach einem neuen Abenteuer, um mich abzulenken. Weil ich mit niemanden ein freundschaftliches Verhältnis hatte, war ich jedes Mal allein unterwegs. Zuerst kehrte ich in einer Kneipe ein, um etwas zu trinken, wurde aber innerlich bald weitergetrieben. Als ich anschließend ins Kino ging, um in die Welt der Träume einzutauchen, gab mir das wenigstens so lange ein gutes Gefühl, wie der Film lief. Doch als er zu Ende war, spürte ich den Aufprall in die Realität umso härter. Ich musste der nackten Tatsache in die Augen schauen, dass mein Leben und meine Welt eben doch völlig anders aussahen. Ich war allein, war zwar erst siebzehn, fühlte mich aber schon wie sechzig. Ich war meiner Kindheit beraubt, konnte aber auch kein richtiger Teenager sein. Schon immer wurde von mir erwartet, alle und alles zu verstehen, vor allem die Erwachsenen. Ja, ich sollte die ganze Welt verstehen und ihren Vorstellungen entsprechen, doch ich selbst ging dabei zugrunde ...

9

Ein Stück Frieden spüren

Wie immer kam ich auch diesmal innerlich «leer» aus dem Kino. Alles schien so sinnlos. Damit ich gar nicht erst richtig ins Nachdenken kam, lief ich rasch in Richtung Fußgängerzone, wo am Samstagabend garantiert immer etwas los war. Die November-Kälte und der scharfe Wind trieben mich noch schneller vorwärts.

Von weitem konnte ich einen Stand sehen und einige junge Menschen, die Kaffee ausschenkten. Ja, das konnte ich jetzt bei dieser Kälte gut gebrauchen! Noch bevor ich diesen Satz zu Ende denken konnte, wurde ich auch schon angesprochen: «Möchtest du gerne einen Kaffee oder einen Tee haben?»

Wie ein begossener Pudel sah ich die junge Frau an. «Ja, gerne», antwortete ich. Irgendetwas hatte mich in diesem Moment tief getroffen. Ich spürte, dass diese junge Frau und auch die anderen, die am Teestand mithalfen, etwas hatten, das mir fehlte, etwas, nach dem ich mich aber schon lange sehnte. Ihre Augen strahlten, und es ging eine angenehme, anziehende Wärme von ihnen aus.

Ich bekam meinen Kaffee und hielt mich krampfhaft am Becher fest, während mir die junge Frau ein paar lockere Fragen stellte. Ob ich im Kino gewesen sei, welchen Film ich mir angeschaut hätte. Immer noch verdattert und unsicher, antwortete ich fast mechanisch, fragte dann aber, was sie denn hier machen würden. Regula, so hieß die junge Frau, gab mir Auskunft und erwiderte, sie seien die Jugendgruppe einer Freikirche und wollten mit den Leuten über Jesus reden.

«Ach so.» Mehr fiel mir in diesem Moment nicht ein. Ob ich mir auch schon Gedanken über Gott gemacht hätte, fragte sie nun. Ich erzählte ihr ein bisschen, dass ich früher mal von einer gläubigen Erzieherin etwas über Gott gehört hatte, dass dies aber schon lange her war. Nach außen hin war ich sehr kurz angebunden und zugeknöpft, doch innerlich war ich von Regulas Worten ganz seltsam berührt.

Regula bat mich um meine Adresse. Sie sagte, sie würde mich gern zum Gottesdienst in die Gemeinde einladen. Ich gab ihr zwar meine Adresse, dachte aber, dass sie mich sicher bald wieder vergessen würde. So, wie ich es bisher meistens erlebt hatte. Ich war schon auf dem Sprung, als ich mich noch einmal umdrehte und zögernd fragte: «Regula, wenn es Gott wirklich gibt, warum musste ich dann derart schreckliche Dinge erleben?»

Schnell rannte ich in Richtung Bahnhof davon, weil ich es hier nicht mehr aushielt. Diese ruhige Atmosphäre brachte mich völlig aus dem Konzept. Ich floh regelrecht und kam ganz außer Atem am Bahnhof an, stieg in den nächsten Zug und konnte es kaum abwarten, bis er endlich losfuhr. Ich war sehr aufgewühlt und versuchte meine Gefühle, so gut es ging, zu unterdrücken. Im Heim angekommen, griff ich sogleich nach meinen Schlaftabletten, ohne die ich nicht mehr sein konnte. Bald setzte die Wirkung ein. Ein unruhiger Schlaf übermannte mich.

Am nächsten Tag ertappte ich mich dabei, wie ich immerzu an die Begegnung am Teestand zurückdachte. Während mir ständig die Worte durch den Kopf gingen, dass Jesus mich lieb habe und daran interessiert sei, wie es mir geht, durchzog mich jedes Mal ein sonderbares Gefühl. Ich konnte diese Worte unterdrücken, wie ich wollte, sie kamen immer wieder hoch.

Sonntags war der schlimmste Tag in der Außenwohngruppe. Weil in der Stadt nichts Aufregendes lief, blieb ich meist in der Gruppe – im Bett oder vor dem Fernseher. Ständig musste ich an meine Eltern und meine Familie denken, obwohl ich sie kaum noch sah und unser Verhältnis sehr gespannt war. Meine Seele schmerzte dann immer sehr, doch genau diesem Schmerz wollte ich ja entfliehen. Wenn ich allein war, kam die ganze Vergangenheit wieder hoch. Ununterbrochen musste ich daran denken, was ich mit der Aussage über den Missbrauch durch meinen Großvater angerichtet hatte. Hätte ich doch nur geschwiegen, dann dürfte ich jetzt wenigstens regelmäßig meine Familie sehen! Mein Großvater war ja tot.

Ich dachte ständig, ich allein sei an allem schuld. Ich hätte schweigen und den Missbrauch weiter ertragen sollen! Ich musste an meine Mutter denken und an meinen Vater. Ich klammerte mich an schöne Erinnerungen und idealisierte die Familie. Alles wegen mir. Immer zerstörte ich alles. Ich war diejenige, die alles durcheinander brachte. Pausenlos wies ich mir die Schuld zu – bis ich schließlich völlig davon überzeugt war.

Als ich am Dienstag aus der Schule kam, lag ein Brief für mich auf meinem Platz. Da ich die Handschrift nicht kannte, war ich sehr gespannt, von wem er sein könnte. Er kam von Regula. Sie erkundigte sich nach meinem Ergehen und lud mich zu sich nach Hause ein.

Ich war überrascht, dass es sie überhaupt interessierte, wie es mir ging. Der ganze Brief war sehr lieb und herzlich geschrieben, und ich wusste zuerst gar nicht, was ich davon halten sollte. Ich dachte: «Vielleicht ist es nur Mitleid. Ja, das wird es sein.» Bisher kannte ich nur das. Die Menschen reagierten immer so, wenn sie nicht wussten, wie sie in bestimmten Momenten richtig reagieren sollten. Anders konnte ich mir diese Worte nicht erklären.

Regulas Einladung war auf Donnerstag zum Nacht-essen angesetzt. Bis dahin hatte ich noch Zeit zum Über-legen, ob ich überhaupt hingehen wollte oder doch lieber nicht. Allerdings wurde ich innerlich förmlich gedrängt, das Angebot anzunehmen. Seit Samstag, seit der Begeg-nung mit diesen Christen, ließ mich der Gedanke, ob es Gott wirklich gibt und ob er sich wirklich für mich interessierte, nicht mehr los. Ich wünschte mir vor allem eines: Ich wollte das haben, was diese Leute hatten – diese Ruhe, diesen Frieden, nach dem ich schon mein Leben lang gesucht und den ich bisher nicht gefunden hatte. Ich wollte herausfinden, was mir genau fehlte und wie ich es bekommen konnte.

Was meine Zukunft betraf, so mussten sich meine Bei-ständin und ich so langsam Gedanken darüber machen, wie es konkret weitergehen und wo ich ab Frühling woh-nen sollte. Sobald mir diese Fragen in den Sinn kamen, versuchte ich sie schnell wieder zu verdrängen. Doch ich wusste genau, dass ich mich ihnen eines Tages – ja, schon bald! – stellen musste. Oft trieb ich die Beiständin durch mein Verhalten fast zur Verzweiflung. Weil ich es ge-wohnt war, alles über mich ergehen zu lassen, schwieg ich die meiste Zeit, stimmte ihren Vorschlägen zu, brachte jedoch meine eigenen Gedanken, Wünsche und Gefühle nicht ein. Nie hatte ich gelernt, mich zu wehren oder Grenzen zu setzen. Ich sagte einfach, mir sei es egal, wohin ich käme. Aber es war recht schwierig, für eine Siebzehn-jährige einen Wohnplatz zu finden.

Als der Donnerstag näher rückte, wurde ich immer angespannter. Einerseits freute ich mich sehr über Re-gulas Einladung, andererseits hatte ich auch ein wenig Angst, weil ich nicht wusste, was mich erwartete. Ich war bisher nur selten von einer erwachsenen Person außerhalb vom Heim eingeladen worden, schon gar nicht zu jemandem nach Hause.

Am Donnerstag konnte ich mich in der Schule kaum konzentrieren, so aufgeregt war ich. Immer wieder plagte mich die Frage, wie ich mich verhalten sollte. Die Angst, einen Fehler zu machen, verunsicherte mich sehr. Was sollte ich bloß mit diesen Leuten reden? In Gesellschaft fiel mir normalerweise kaum etwas ein.

Schließlich war es so weit, und ich machte mich auf den Weg zu meinen Gastgebern. Mir war ziemlich mulmig zumute, und ich war mehrmals nahe daran, umzukehren und die Flucht zu ergreifen. Als das Haus sichtbar wurde, verlangsamten sich meine Schritte, und als ich fast keinen Mut mehr hatte, kam mir glücklicherweise Stephan, Regulas Mann, entgegen. Die beiden bereiteten mir einen herzlichen Empfang, indem sie mich mit offenen Armen willkommen hießen und mir sagten, wie schön es sei, dass ich gekommen war.

Zum Abendessen gab es Raclette, eines meiner Lieblingsgerichte, das in mir jedes Mal schöne Erinnerungen an meine Familie hervorrief. Während ich sehr still und zurückhaltend war, erzählten Stephan und Regula viel von sich. Ihre offene Art beeindruckte mich zwar, und ich fühlte mich bei ihnen wohl, doch traute ich diesem Frieden nicht so ganz. Ich hatte meinen Schwur von damals noch nicht vergessen und war schon zu oft von Erwachsenen enttäuscht worden, so dass ich immer noch niemandem vertrauen wollte.

Als sie sich erkundigten, wie es mir im Heim ginge, wusste ich erst nicht, was ich antworten sollte. Ich sagte schnell, och, es ginge mir ganz gut. Doch ich erwähnte nicht, dass ich das Heim im Frühling verlassen musste, weil dieses Thema noch mehr offene Fragen aufgeworfen hätte, die ich nicht beantworten wollte – wobei ich auch gar nicht gewusst hätte, wie.

Trotz meiner Zurückhaltung empfand ich den Abend als sehr angenehm. Stephan und Regula begleiteten mich noch zum Zug. Insgesamt fuhr ich ziemlich verunsichert zurück. Seit letztem Samstag waren mir so viele ungewohnte Eindrücke begegnet, die ich nicht recht einordnen konnte und die mich sehr beschäftigten. Am wenigsten wusste ich, wie ich mit der Liebe umzugehen hatte, die mir Regula entgegenbrachte. Ich hatte so etwas noch nie erlebt und stand dieser neuen Situation ziemlich hilflos gegenüber. Diese Wehrlosigkeit und Unsicherheit waren mir äußerst unangenehm.

Da ich nun mit Regula einen regen Briefwechsel führte, erfuhr ich viel über ihre Beziehung zu Gott. Sie schrieb mir oft von ihrem Glauben und darüber, wie Gott ihr Leben verändert hatte. In jedem Brief ermutigte sie mich, doch auch mal mit in den Gottesdienst zu kommen. Einerseits wollte ich das nicht, weil ich große Angst hatte und mich nicht wohl fühlte, wenn so viele Leute beieinander waren. Andererseits machte mich Regulas unermüdliche Einladung aber auch neugierig.

Eines Abends war ich an dem Punkt, dass ich Regula zusagte. Als ich Sonntags dann aus dem Zug ausstieg, holte sie mich zusammen mit ihrem Mann ab, um gemeinsam mit mir zur Gemeinde zu laufen. Wieder wäre ich am liebsten getürmt. Je näher wir dem Gemeindehaus kamen, desto größer wurde meine Angst. Mich erfasste eine gewaltige Unruhe, und in mir sträubte sich alles, so dass ich am liebsten wieder umgekehrt wäre. Die beiden spürten natürlich, dass irgendetwas mit mir nicht in Ordnung war, und fragten mich, ob sie mit mir beten dürften. Ich fragte sie zwar, was das denn nützen sollte, doch ich willigte ein. Sie beteten für mich, und als wir bei der Gemeinde ankamen, war es in mir ruhiger geworden.

Die Atmosphäre war sehr herzlich. Alle Gottesdienstbesucher schienen sich zu kennen und begrüßten sich fröhlich. Ich selbst fühlte mich in der Menge etwas fehl am Platz und wollte auch nicht auffallen. Ich war froh, als der Gottesdienst endlich begann. So konnte mir keiner Fragen stellen, und ich musste nicht nach ausweichenden Antworten suchen. Ich war gespannt, wie dieser Abend ablaufen würde, denn bisher kannte ich nur die katholische Messe, die ich ab und zu mit meiner Großmutter besucht hatte.

Einige gingen nach vorne, um als Chor eine Reihe von Liedern zu singen, die mir ganz gut gefielen. Ich verstand zwar nicht alles, was sie sangen, doch ich fühlte mich in der Atmosphäre sehr wohl. Allerdings überrollte mich während der Predigt die Unruhe erneut und zerriss mich fast. Regula, die neben mir saß, bemerkte meine Veränderung und erkundigte sich, ob mit mir alles okay sei. Ich sagte schnell: «Ja, ja, es geht», doch ich glaube, dass sie während des Gottesdiensts weiterhin für mich gebetet hat.

Plötzlich horchte ich auf. Der Prediger sagte: «Gott hat dich so sehr geliebt, dass er seinen eigenen Sohn für dich ans Kreuz gab. Für alle deine Fehler, für alles Schlechte ist er stellvertretend für dich gestorben. Gott will dir neue, echte Freiheit schenken.» Wieder wurde ich zutiefst berührt, und erstmals seit langer Zeit wurde ich im Innersten meines Herzens so richtig getroffen. Doch nun begann in mir ein Kampf, der mich schier zerriss. Eine Stimme ermutigte mich: «Melanie, gib dein Leben Jesus! Er macht alles neu.» Doch die andere Stimme flüsterte mir zu: «Nein, mach das auf keinen Fall, denn er nimmt dir deine Freiheit und die Unabhängigkeit, die du doch so sehr brauchst und willst! Trau keinem dieser Menschen!»

Der Kampf dauerte an, bis der Gottesdienst zu Ende war. Am Schluss hörte ich nur noch, dass verschiedene Leute für Gespräche da seien. In mir drin wusste ich genau, dass ich den Schritt machen musste – jetzt oder nie! Ich wollte mein Leben Jesus anvertrauen.

Kaum war der Gottesdienst fertig, steuerte ich auf eine zuständige Frau zu und sagte ihr, dass ich mich entscheiden wollte. Susanne, so hieß sie, ging mit mir zusammen in einen anderen Raum und fragte mich nochmals ganz direkt, ob ich mein Leben Jesus wirklich anvertrauen wollte. Ich bestätigte es ihr, und als sie mich vor die Wahl stellte, selbst zu beten oder ihr ein Gebet nachzusprechen, entschied ich mich für die zweite Variante. Ich wusste ja nicht, wie man mit Gott spricht.

Susanne machte mir Mut, Jesus die schlechten Dinge in meinem Leben zu sagen und zu bekennen. Als wir uns gemeinsam auf den Boden knieten, begann der Kampf von neuem, und die Unruhe machte mich fast wahnsinnig. Ja, nein, ja, nein, ja, nein … dröhnte es abwechselnd in meinem Kopf. Nach langem Schweigen begann Susanne, mit mir zu beten. Mit ihrer Hilfe konnte ich all das Ungute und Verkorkste in meinem Leben aussprechen. Ich bat Gott um Vergebung und lud ihn in mein Herz ein. Doch den Missbrauch verschwieg ich.

Unser «Gebetskampf» dauerte fast zwei Stunden. In mir hatte etwas Neues begonnen. Ich spürte und wusste tief in meinem Herzen, dass Gott jetzt in meinem Leben war und nie mehr weggehen würde. Es war ein kindliches Vertrauen, das mir in diesem Moment wie neu geschenkt wurde. Susanne umarmte mich herzlich. Zusammen mit ihr ging ich wieder zu Regula und Stephan, die auf mich gewartet hatten, und erzählte ihnen, dass ich von nun an wie sie zu Jesus gehörte. Alle klatschten, als wir den Kaffeeraum betraten, und sie sagten, dass nun auch im Himmel ein großes Fest stattfinde. Als Regula und Stephan mich wieder zum Zug brachten, sagten sie mir, dass sie mich gerne auf meinem Weg als Christin begleiten wollten.

Zum ersten Mal in meinem Leben kehrte ich mit ruhigem Herzen ins Heim zurück. Es war auch die erste Nacht, in der ich ohne ein einziges Medikament durchschlief. Endlich war der Friede, den ich so lange gesucht hatte, in meinem Innern eingezogen.

Nach Jahren der Flucht
endlich Frieden.
Nach endlosem Warten
bist du endlich gekommen.
Nach unerträglicher Einsamkeit
darf ich für immer dein Kind sein.
Nach quälender Unruhe und Rastlosigkeit
habe ich endlich nach Hause gefunden.
Nach dem langen Winter
bricht der Frühling durch.
Die Sonne wärmt mich;
in mir erwacht Leben.

10

Auf dem Boden der Tatsachen

Als ich am nächsten Morgen erwachte, musste ich zuerst darüber nachdenken, ob ich nicht alles nur geträumt hatte. Doch die Erinnerung, die mir vom Abend zuvor kam, verhieß eindeutig: Es war Realität.

In der nächsten Woche erhielt ich etliche Anrufe von Regula. Sie erkundigte sich, wie es mir gehen und was ich so alles machen würde. In der Heimgruppe erzählte ich von meiner Begegnung mit den Leuten der Freikirche. Ich verschwieg auch nicht, dass ich nun selbst Christin geworden war und mein Leben Jesus übergeben hatte. Doch ich stieß auf ziemlich großes Unverständnis, und die einzige Reaktion, die aus der Gruppe kam, war folgende: «Das ist bestimmt eine Sekte. Davon wirst du sicher bald wieder wegkommen.»

Was die Gemeinde betraf, so getraute ich mich nicht, allein dorthin zu gehen, weil ich sehr unter Menschenfurcht litt, insbesondere unter der Angst vor Männern. So verabredete ich mich häufig mit Regula, die immer an meinem Ergehen interessiert war und mir, soweit es ihr möglich war, zu helfen versuchte. Wenn sie mal keine Zeit hatte, ging ich alleine hin und schaute durchs Fenster – in der Hoffnung, dass mich niemand entdecken würde. Ab und zu kam aber doch jemand von der Jugendgruppe auf mich zu und lud mich ein, zu ihnen hineinzukommen. Ich müsse keine Angst haben und sei herzlich willkommen. Doch meistens rannte ich in diesen Situationen einfach davon und versteckte mich. Ich war hin und her gerissen und fand einfach nicht den Mut hineinzugehen. Ich hatte solche Angst.

Einmal konnte ich allerdings nicht ausweichen. Der Jugendgruppenleiter Daniel kam auf mich zu, setzte sich neben mich und begann mir aus seinem Leben zu erzählen. Einerseits beeindruckte mich sein Bericht, andererseits spürte ich wieder die Angst vor ihm. Wenn Regula dabei war, quälte mich die Angst nur halb so schlimm.

Was mir auch Mühe machte, war die Feier des Abendmahls, speziell die Einnahme von Wein. Der Wein wurde symbolisch als «Blut Jesu» getrunken, doch ich wollte nicht noch einmal eine «Körperflüssigkeit» in meinem Mund haben. Für mich war es unverständlich, wie Blut rein machen sollte, denn ich empfand es als schmutzig und ekelhaft.

Trotz dieser Schwierigkeiten fand ich mich in der Gemeinde zunehmend besser zurecht. Umso schockierter war ich, als mir eines Tages in der Außenwohngruppe eröffnet wurde, dass ich von nun an nicht mehr zu dieser «Sekte» gehen dürfe. Die Erzieher waren sich einig, dass es nicht gut für mich sei, mich nur noch auf die Gemeinde zu fixieren.

Meine Enttäuschung war groß, vor allem weil ich wusste, dass diese Entscheidung endgültig war und es daran nichts zu rütteln gab. Wahrscheinlich hatten die Erzieher einfach Mühe damit, dass ich mich Regula gegenüber zunehmend öffnete, während ich ihnen nichts mehr von mir erzählte. Das ärgerte sie ganz offensichtlich. Doch ich war nicht mehr bereit, mir alles gefallen zu lassen und jede Entscheidung kopfnickend hinzunehmen. Meinerseits war das Fass zum Überlaufen voll, und ich schrie sie alle an: «Ihr nehmt mir alles weg, sobald mir etwas ein klein wenig Freude macht. Ihr habt wohl Spaß daran, mich zu quälen!»

Nach diesem Gespräch rief ich Regula an und sagte ihr, dass ich nicht mehr in die Gemeinde kommen dürfe. Sie sprach mir Mut zu und versprach mir, weiterhin die Beziehung zu pflegen. Sie bot mir auch an, mich zu besuchen, wenn ich das wollte. Nun ja. Einerseits wollte ich bestimmt mehr über Jesus erfahren, aber andererseits fühlte ich mich von Regula und Stephan inzwischen auch zunehmend eingeengt. Sie meinten es zwar gut mit mir, doch bemühten sie sich fast zu sehr um mich. Diese Nähe machte mir Mühe.

Meine Menschenfurcht war einfach zu groß. Auch kam mir vieles so unbekannt und ungewohnt vor, was andere sicherlich als ganz normal empfanden. Vor allem im Bereich von Beziehungen war ich zu verwirrt und verletzt, als dass ich gewusst hätte, wie eine gesunde Freundschaft aussah. Ich war überhaupt nicht dazu fähig.

Weil ich nie wusste, was ich sagen sollte, stand ich bei unseren Treffen unter dem dauernden Druck, irgendetwas ansprechen zu müssen, doch mir fiel einfach nie etwas ein. Irgendwelche Gefühlsbeschreibungen oder Äußerungen wie zum Beispiel «Schön, dass ihr hier wart!» brachte ich nicht über die Lippen. Mir kam es so vor, als würden gewisse menschliche Regungen und Empfindungen in meinem Leben überhaupt nicht existieren, erst recht nicht die Worte, um derartige Gefühle auszudrücken. Alles in mir schien wie abgestorben zu sein.

In dieser schwierigen Zeit wurde viel für mich gebetet. Viele aus der Gemeinde dachten an mich, wofür ich sehr dankbar war. Dani, der Jugendleiter, wusste, dass ich bald zwingend das Heim verlassen musste, und bot mir an, zu ihnen zu ziehen. Er hatte eine liebe Familie. Susanne, mit der ich gebetet hatte, war seine Frau, und sie hatten zwei nette Töchter.

Über sein Angebot war ich überrascht, denn er kannte mich ja kaum, und auch ich kannte sie nicht gut – eher flüchtig und vom Grüßen im Gottesdienst. Andererseits dachte ich mir, dass ich es bei dieser Familie sicherlich besser haben konnte, als wenn ich wieder in ein anderes Heim wechseln müsste. Dani meinte, ich solle mir das Ganze doch mal überlegen. Er werde dann noch meine Beiständin fragen.

Auch in meiner Klasse erzählte ich einigen, dass ich mein Leben Jesus übergeben hatte und nun in eine freikirchliche Gemeinde ging. In den Gesprächen merkte ich aber, dass ich auf viele Fragen, die mir meine Klassenkameradinnen stellten, selbst noch gar keine Antworten hatte. Ich konnte lediglich bezeugen, dass tief in meinem Herzen etwas anders geworden war.

Leider wurde mein Freundeskreis nicht viel größer, nachdem ich Christin geworden war. Es machte mir zu schaffen, dass ich zu fast niemandem so richtig guten Kontakt hatte, ja eigentlich gar keinen Freundeskreis aufweisen konnte. Weder war zu meiner Familie irgendeine letzte Verbindung da, noch ging ich in einen Club oder Verein. Wenn ich in dieser Zeit an Jessie dachte, meine ehemalige Freundin, so tat es mir innerlich weh. Ich begann sie wieder zu vermissen, denn sie war meine bisher einzige und engste Freundin gewesen. Nun durfte ich nicht einmal mehr in die Gemeinde gehen, und in der Gruppe, in der ich momentan noch wohnte, dachte jeder nur an sich selbst. Es war nicht möglich, hier Freundschaften aufzubauen.

Meine Depressionen machten mir nach wie vor zu schaffen. Ich hatte mir eigentlich gewünscht bzw. erhofft, dass mit dem Christsein alles gut würde. Doch da hatte ich mich getäuscht. Ich schwebte nicht auf rosaroten Wolken davon, sondern befand mich nach wie vor auf dem harten Boden der Tatsachen. Und das war schmerzlich.

Bald wurde die Entscheidung bezüglich meiner Zukunft getroffen. Die Beiständin gab – wenn auch widerwillig – grünes Licht, dass ich zur Familie Schmidt, also zu Dani und seiner Familie, ziehen konnte, da sich keine andere Möglichkeit ergeben hatte. Mir fiel ein Stein vom Herzen. Nun war möglicherweise meine lange Heim-Zeit beendet. In drei Wochen sollte es so weit sein. Einerseits freute ich mich sehr auf den «Tapetenwechsel», andererseits hatte ich aber auch Angst vor dem, was mich bei der neuen Familie erwarten würde.

Auch von Seiten der Erzieher spürte ich, dass sie über meinen Wegzug froh waren, da ich für sie doch ein schwieriger und undurchschaubarer Fall war. Worin ich ihnen übrigens Recht geben musste. Häufig hatte ich ihnen tiefe Lebensfragen gestellt, doch nie eine befriedigende Antwort erhalten. Ich hatte sie mit meinen Fragen wohl an ihre Grenzen getrieben. Immer wieder wollten sie mich davon überzeugen, dass man, um das Leben zu bestehen, nur eine positive Einstellung haben müsse, und zwar aus innerer Überzeugung und eigener Kraft, so nach dem Motto: «Einfach positiv denken und positiv bleiben. Alles andere ergibt sich dann ganz von allein …» Diese «Lebensphilosophie» stieß ich weit von mir, weil ich in meinem Innersten wusste, dass das eben nicht so einfach und bestimmt auch nicht der Weisheit letzter Schluss war. Bevor ich mein Leben Jesus anvertraut hatte, stellte ich den Leuten im Heim zu viele Fragen, die sie mit all ihrer Psychologie gar nicht zu beantworten vermochten. So viel war mir inzwischen klar.

Endlich waren auch meine letzten drei Wochen im Heim überstanden. Dani kam mit seinem Kleinbus, um mich abzuholen. Ich hatte all meine Habseligkeiten zusammengepackt, und er half mir beim Einräumen ins Auto. Die Verabschiedung von den Erziehern und den anderen Heimbewohnern war kurz und schmerzlos – diesmal auch für mich. Nichts hielt mich mehr an diesem Ort, der mir so viel Leid gebracht hatte.

Wir fuhren zum Haus von Danis Familie und brachten meine wenigen Sachen hinein. Es waren ein paar Kleider, Stofftiere und mein Meerschweinchen, das ich als Haustier haben durfte – mein einziger Vertrauter, mit dem ich über alles reden konnte. Der Einzige, der mich ernst nahm und mir nicht widersprach.

Von meiner «neuen Familie» wurde ich herzlich begrüßt. Wir aßen alle zusammen am Tisch, und ich fühlte mich aufgenommen und rundum wohl. Ich dachte: «So, nun bin ich hier. Jetzt beginnt für mich so etwas wie ein anderes Leben.»

Schon bald fiel mir aber auf, dass ich kaum damit umgehen konnte, in einer Familie zu wohnen. Ich war regelrecht überfordert. Schmidts gingen sehr direkt und herzlich miteinander um. Konflikte wurden offen ausgetragen, was mich beeindruckte und zum Staunen brachte. Viel Neues ging mir auf, und viele mich befremdende Eindrücke strömten auf mich ein; Eindrücke, die ich zuerst verarbeiten musste.

Die Beziehung zu Susanne wurde für meine Verhältnisse bald sehr innig, besonders auch zu ihrer kleinen Tochter Laura, die für mich wie eine kleine Schwester war. Wir kamen prima miteinander aus und unternahmen viel gemeinsam, gingen ein paar Mal zusammen in den Zoo oder ins Schwimmbad und durften es einfach genießen – soweit ich dazu überhaupt fähig war.

Leider gab es schon bald erste Konflikte mit Dani. Er war für mich eine Autoritätsperson, womit ich nur sehr schlecht umgehen konnte. Er war streng, und ich konnte die Liebe, die er mir gegenüber hatte, nicht annehmen bzw. nicht akzeptieren. Für mich gab es nur die «Liebe», die Sex forderte – etwas anderes kannte ich von Männern nicht. Eine natürliche Zuneigung war mir unbekannt.

Vieles an Dani erinnerte mich an Markus, der mich im Heim körperlich und psychisch missbraucht hatte. Die Fragemuster waren sehr ähnlich, und schon bald befand ich mich in einer ähnlichen gefühlsmäßigen Zwickmühle wie damals mit Markus. Die vielen Fragen machten mir Angst, weil ich keine Antwort darauf wusste. Wenn Dani wissen wollte, wie es mir ging, blockte ich ab und sagte nichts. Er reagierte sehr ungeduldig, was zwar einerseits verständlich war, mich aber gleichzeitig enttäuschte und verletzte.

Wir konnten stundenlang im Wohnzimmer sitzen und «schweigend Probleme wälzen», wobei er Fragen über Fragen stellte, während ich ihn provokativ anschwieg und mich nur noch mehr verschloss. Mein Schweigen machte ihn wütend und reizte ihn. Oft gab es sehr unbequeme und peinliche Situationen, wobei ich am liebsten weggelaufen wäre. Zu Beginn brachte Dani noch Geduld auf, doch schon bald gab er mir zu verstehen, dass ich reden *müsse*. Ich *müsse* mich ausdrücken und meine Gefühle in Worte fassen. Doch für mich war das ein Ding der Unmöglichkeit. Und je ungeduldiger er wurde, desto mehr verschloss ich mich ihm gegenüber.

Dies führte dazu, dass sich die Fronten verhärteten. Ich sprach nicht mehr viel mit ihm, was die ganze Familie zunehmend belastete. Wie schon im Heim hielt ich mich auch hier bald nicht mehr an die Hausregeln. Ich rauchte zum Beispiel im Zimmer, was mir eigentlich streng verboten war. Weil ich oft Dingen auszuweichen versuchte, die mir unangenehm waren, und weil ich mich vor vielen Aufgaben drückte, kam es immer häufiger zu Konflikten.

Nach und nach wurde auch offensichtlich, dass ich Mühe hatte, mit Geld umzugehen. Ich bekam mein festes Taschengeld, das schon nach kurzer Zeit für Dinge ausgegeben war, die ich eigentlich gar nicht gebraucht hätte. Geld war etwas, das ich vorher einfach immer hatte –

auch weil es oft geklaut war. Mich überkam zeitweise eine Art Kaufrausch, in dem ich mir teure Sachen leistete und dabei dachte, dass es mir bestimmt besser gehen würde, wenn ich nur dieses oder jenes mein Eigen nennen könnte. Ich bildete mir ein, dadurch meinen Wert zu erhöhen.

Dani merkte, dass ich mit dem Thema Geld meine liebe Mühe hatte. Er wollte mir helfen, indem er vorschlug, meine Finanzen zu verwalten. Doch das kam für mich überhaupt nicht in Frage. Ich wollte mir von ihm nichts vorschreiben und mich erst recht nicht in meinem Umgang mit Geld einschränken lassen. Ich machte ihm klar, dass er sich nicht in mein Leben einmischen müsse. Es sei mein Leben, und schließlich könne ich damit machen, was *ich* wolle. So dachte ich jedenfalls ...

Von meinem neuen Wohnort aus besuchte ich weiter die Schule, um noch das zehnte Schuljahr zu absolvieren. Doch der Abschluss meiner schulischen «Laufbahn» war für mich eine schmerzhafte Erfahrung. Wir veranstalteten ein Abschlussfest, und die verschiedenen Klassen führten ihre Darbietungen auf. Ich selbst machte in einer Pantomime- und Tanzgruppe mit. Aufgrund meiner Koordinations-Schwierigkeiten war ich nicht so schnell wie die anderen, was diese mich zur Genüge spüren ließen. Trotzdem machte mir die Pantomime Freude, und das wollte ich mir wirklich nicht nehmen lassen.

Als wir unser Stück am Abschlussabend aufführten, merkte ich, wie die anderen bejubelt wurden, während mich niemand zu bemerken schien. Keiner zeigte mir, dass ich meinen Teil gut gemacht hatte. Diese Erfahrung verstärkte wieder einmal mein Gefühl der Einsamkeit.

Anfang August konnte ich meine Lehre als Kleintier-Verkäuferin beginnen. Ich freute mich riesig und war gespannt auf das Neue, das mich erwartete, und auch auf das, was ich alles lernen könnte. Vor allem freute ich mich auf die Arbeit mit Tieren, die ich schon immer gerne mochte und mit denen ich gut umgehen konnte.

Motiviert und energiegeladen kam ich an meinem ersten Arbeitstag in das Geschäft und hatte auch einen guten Start. Wir waren zu dritt: meine Chefin, eine Verkäuferin und ich. Sie zeigten mir alle meine Aufgaben. Am Morgen musste ich die Käfige putzen und im Verkauf mithelfen und beraten. Ich ging gerne auf die Menschen zu und verkaufte auch gerne Tiere.

In der Anfangszeit fühlte ich mich an meiner Lehrstelle wohl und freute mich auch sehr auf die Berufsschule, weil hier eine Art Neuanfang auf mich wartete. Ich hoffte, dass alles anders sein würde als früher. Mit der Zeit musste ich allerdings feststellen, dass ich große Lücken hatte, was den Schulstoff betraf. Weil ich nur wenig gelernt hatte und mich in meiner Heim-Zeit irgendwie hatte durchmogeln und immer wieder unbemerkbar machen können, musste ich nun einsehen, dass ich mir damit eher geschadet als genützt hatte. Damals war mir alles egal gewesen. Jetzt aber hätte ich mich glücklich geschätzt, wenn ich mich früher mehr hinter die Bücher geklemmt hätte.

An meiner Lehrstelle konnte ich meinen bisherigen Lebensstil nicht weiterführen, sondern musste mich sehr anstrengen. Insbesondere im Rechnen und in Französisch hatte ich von Anfang an Schwierigkeiten. Ich kam einfach nicht mit und verstand nur wenig. Aber auch während des Arbeitens hatte ich oft Konzentrations-Schwächen. Es konnte vorkommen, dass mir meine Chefin etwas sagte, und nach einer Viertelstunde hatte ich ihre Anweisung schon wieder vergessen. Leider flogen mir manchmal auch die Vögel davon, weil ich nach dem Ausmisten vergessen hatte, die Käfigtüre zu schließen.

In den ersten Wochen hatte meine Chefin noch viel Geduld mit mir und drückte so manches Mal ein Auge zu. Doch mit der Zeit wurde sie furchtbar wütend, wenn mir wieder ein Fehler unterlief. Immer weniger fragte sie mich, wie es mir in der Schule ging. Weder begleitete sie mich, noch bot sie mir ihre Hilfe und ihren Rat an. So fühlte ich mich auch hier bald wieder sehr auf mich allein gestellt.

In der Schule spielte ich oft die Starke, wirkte nach außen hin kalt und war, ohne mir dessen bewusst zu sein, eine Einzelgängerin. Ich fand nie richtig den Anschluss zu den anderen. Weil ich diesmal unbedingt bessere Schulleistungen erbringen wollte, schrieb ich einmal eine schlechte Note in eine gute um, was der Lehrer jedoch schnell merkte. Er sprach mich darauf an, verwarnte mich und erklärte mir, dass etwas Derartiges nie mehr passieren dürfe, wenn ich weiterhin auf dieser Schule bleiben wollte. Er ließ Gnade vor Recht ergehen und meldete meiner Chefin nichts von diesem Vorfall.

In der Gemeinde ging ich regelmäßig mit zu den Straßeneinsätzen, durch die ich ja selbst zum Glauben gekommen war. Ich besuchte auch jedes Mal den Gottesdienst und lernte dort viele Gleichaltrige kennen. Aber ich schaffte es nicht, engere Beziehungen aufzubauen.

Bei Schmidts wurde mir zunehmend bewusst, dass ich noch einen schweren «Rucksack» mit den unverarbeiteten Problemen meiner Vergangenheit mit mir herumtrug: die Ereignisse aus meiner Kindheit und aus der Heim-Zeit. Ich merkte auch, dass meine Vorstellung von Gott sehr negativ war. Vor allem konnte ich ihn mir nicht als Vater vorstellen. Mein Vaterbild war völlig negativ, denn ich wusste ja auch gar nicht, wie das ist, wenn man einen Vater hat. Deswegen konnte ich mir Gott auch nicht als Vater vorstellen. Meine Beziehung zu ihm war ziemlich verkrampft. Mit ihm zu reden und in der Bibel zu lesen fiel mir sehr schwer. Irgendwie hatte ich das komische Gefühl, dass Gott sich gar nicht für mich interessiert. Mit derartigen Gedanken im Hinterkopf war es natürlich ganz unmöglich, ihm gegenüber die Dinge auszusprechen, die mich belasteten, bedrückten oder mir Angst machten.

Zwischen Dani und mir spitzte sich die Situation zu. Es kam immer häufiger zu Machtkämpfen. Ich versuchte ständig, ihn herauszufordern und an seine Grenzen zu treiben, und wenn mir dies gelang, triumphierte ich innerlich. Ich konnte einfach nicht glauben, dass er mir ernsthaft helfen wollte. Sein Verhalten und seine Vorgehensweise ähnelten zu sehr den Methoden der Männer, die mich bisher therapieren wollten. Wenn Dani explodierte, dachte ich mir: «Siehst du, er ist auch nicht anders. Er reagiert ganz genauso wie all die anderen Erwachsenen!»

Die Fronten wurden immer härter, und so konnten Dani und ich bald kaum noch normal miteinander reden. Noch viel seltener kam es vor, dass ich von mir aus kam, um mit ihm über meine Probleme zu sprechen.

Eines Nachmittags rief meine Beiständin an und eröffnete mir, dass sie ihr Amt abgeben würde, weil sie gekündigt hatte. Ich bekäme nun eine andere Beiständin, und wir müssten uns daher noch einmal treffen. Als ich das hörte, fiel ich aus allen Wolken. Schon wieder eine neue Person in meinem Leben! Ich kam mit ihr doch so gut aus! Hatte sie wohl wegen mir gekündigt? Schon wieder würde jemand Neues in mein Leben hineinreden und meinen, man könne mit mir machen, was man wolle. Doch diese Gedanken teilte ich ihr nicht mit, was wohl auch besser war.

Die ganze Sache verunsicherte mich sehr und machte mich wahnsinnig aggressiv. Um mich abzureagieren, ließ ich all meine Wut an Dani aus und machte ihn fast allein für alles verantwortlich.

11

Immer tiefer in den Sumpf

Wieder einmal war ich sehr knapp bei Kasse. Doch gerade jetzt sah ich eine schöne Sportjacke, die ich unbedingt haben wollte. Ich bildete mir einmal mehr ein, ich sei besser und wertvoller, wenn ich mit dieser Jacke herumlaufen könnte. Weil mir das nötige Geld für meinen Wunsch fehlte, griff ich in einem unbeobachteten Moment in die Ladenkasse meiner Lehrstelle und nahm mir das Geld heraus.

Nachdem ich mir meinen Traum erfüllt hatte, fühlte ich mich im ersten Moment glücklich und tatsächlich wertvoller. Aber die Freude wurde durch das seltsame innere Gefühl gedämpft, ich hätte etwas Unrechtes getan. Das schlechte Gewissen nagte an mir. Ich versuchte es zu unterdrücken, weil ich es nicht ertrug. Susanne erzählte ich dann, dass ich diese Jacke gewonnen hätte. Ich konnte ihr einfach nicht die Wahrheit sagen, obwohl sie wahrscheinlich merkte, dass da irgendetwas faul war. Doch sie fragte nicht weiter nach.

Am anderen Tag fehlte natürlich das Geld. Der Verdacht fiel zunächst auf meine Arbeitskollegin, die am Vorabend Abendverkauf gehabt hatte. Dann rief meine Chefin Dani an und fragte ihn, ob ihm irgendetwas an mir aufgefallen sei. Es fehle seit dem Vorabend Geld im Geschäft. Dani wusste von meinen Geld-Schwierigkeiten und dachte bei sich, ich könnte das Geld unter Umständen schon genommen haben. Er sagte davon aber nichts zu meiner Chefin, weil er nicht sicher war. Als ich am Abend nach Hause kam, zitierte er mich ins Wohnzimmer und wollte genau wissen, ob ich diejenige war, die das Geld aus der Kasse gestohlen hatte. Ich log ihn an und versicherte ihm, dass ich nichts damit zu tun hätte. Ich hatte grässliche Angst vor den Konsequenzen und befürchtete, von Schmidts vor die Türe gesetzt zu werden, wenn sie die Wahrheit erfahren würden.

Am anderen Morgen ging ich mit einem flauen Gefühl ins Geschäft. Noch einmal sprach mich meine Chefin an und fragte mich, ob ich das Geld sicher nicht genommen hätte. Ich versuchte ihr möglichst oft aus dem Weg zu gehen und hoffte, ihr nicht in die Augen schauen zu müssen. Im Innersten wusste ich aber, dass ich meine Schuld zugeben musste. Alles Ausweichen half nichts. Meinem schlechten Gewissen entkam ich dadurch nicht.

Schließlich raffte ich allen Mut zusammen, ging auf sie zu und beichtete ihr alles. Ich gab zu, das Geld genommen zu haben, um mir eine teure Sportjacke zu kaufen.

Die Chefin reagierte sehr wütend. Sie meinte, ich hätte sie schon lange an der Nase herumgeführt, und nun müsse sie mir fristlos kündigen. Sie werde mit Schmidts telefonieren, dass sie mich abholen kommen. Sie rief an und schilderte die Situation, doch Dani sagte ihr, dass sie mir gekündigt habe und folglich verantwortlich dafür sei, dass ich nach Hause komme. Weil die Chefin Angst hatte, ich würde abhauen, fuhr sie mich schließlich vor die Haustür. Als Susanne öffnete, sagte die Chefin so laut, dass es alle hören konnten: «Ja, Melanie, das hast du dir wohl selbst eingebrockt. Du wolltest es nicht anders!»

Für mich war diese Situation total peinlich, weil ich bei Schmidts immer wieder behauptet hatte, dass ich es nicht gewesen sei. Als meine Chefin weg war, gingen wir ins Haus und aßen miteinander, doch die Stimmung war angespannt. Nach außen hin blieb ich zwar ruhig, doch innerlich tobte ein Sturm, weil ich nicht wusste, was mich jetzt erwartete. Ich rechnete mit dem Schlimmsten.

Nach dem Essen gingen die Mädchen ins Zimmer, so

dass ich mit Dani und Susanne alleine in der Küche blieb. Ich wusste nicht, wohin ich schauen sollte, und wäre am liebsten im Erdboden versunken, weil ich mich schämte und mir die ganze Sache so unangenehm war. Es sah alles so aussichtslos aus. Ich war ohne Arbeit und hatte das Gefühl, dass ich nun gehen müsste und sie mich nicht mehr bei sich haben wollten.

Nach einem langen, fast unerträglichen Schweigen durchbrach Susanne schließlich die Stille und sagte, dass sie sehr enttäuscht sei über das, was geschehen war. Wenn ich meinen Diebstahl früher zugegeben hätte, wäre es möglich gewesen, nach einer anderen Lösung zu suchen.

Dani blieb still, und ich spürte, dass es nun an mir war, etwas zu sagen. Aber ich wusste nicht, was ich hätte sagen sollen. Mein Hals war wie zugeschnürt, und innerlich zerriss es mich fast. Meine Angst überwog, so dass ich mein Schweigen fortsetzte.

Dann sah Dani mich an. Ich glaube, er musste sich sehr beherrschen, um nicht loszuschreien. Er sagte: «Melanie, nun ist es Zeit, dass du etwas sagst. Du kannst nicht einfach schweigen und dich deiner Verantwortung entziehen. Wenn du Blödsinn machst, dann musst du das auch ausbaden. Ich möchte nun, dass du Stellung beziehst zu deinem Verhalten und dich äußerst.»

Zehn, fünfzehn, zwanzig Minuten vergingen. Ich kämpfte und kämpfte, rang nach Worten, suchte, verkrampfte mich und sagte dann endlich mit stockender Stimme: «Es tut mir Leid, dass ich euch angelogen habe! Ich wollte diese Sportjacke unbedingt haben, und ich war bereit, alles zu tun, um sie zu bekommen. Darum nahm ich die zweihundert Franken aus der Ladenkasse.»

Mehr konnte ich nicht sagen. Dani meinte, dass er nicht wisse, wie es weitergehen solle. Wahrscheinlich müsse er mit meiner Beiständin darüber sprechen. Er wolle mir vergeben, lege mir aber sehr ans Herz, endlich über meine Probleme zu reden. Damit war unsere Krisensitzung beendet.

Ich ging ein Stück weit erleichtert ins Bett, doch mein Herz war ziemlich schwer, weil ich nicht wusste, was der nächste Tag bringen würde. Ich war ohne Lehrstelle und würde mit meinen Voraussetzungen wohl auch keine mehr finden. Wer wollte schon eine Diebin einstellen? Ich wusste auch, dass meine Beziehung zu Gott jetzt gestört war und ich ihn um Vergebung bitten musste. Auch hier kämpfte ich ziemlich lange, bis ich mit Gott darüber sprechen konnte.

Leider wurden auch meine Eltern über den Diebstahl informiert. Das war wirklich das Letzte, das ich jetzt für unsere Beziehung gebrauchen konnte. Nun hatten sie wieder einen Grund mehr, sich von mir zurückzuziehen.

Am anderen Morgen ging ich sofort zum Berufs-Informationszentrum, um zu sehen, ob es noch eine Möglichkeit gab, meine Lehre fortzusetzen. Ich hörte, dass in der Stadt ein Lehrling gesucht würde. Also meldete ich mich sofort auf das Inserat und stellte mich noch am selben Tag vor. Die Chefin fragte mich, warum ich denn den vorigen Lehrbetrieb verlassen hatte. Ich wusste, dass ich ihr die Wahrheit sagen musste, und gestand ihr, dass ich Geld gestohlen hatte und mir daraufhin fristlos gekündigt worden war. Zuerst war sie still, doch dann sagte sie mir, dass sie mir gerne eine zweite Chance geben wolle, weil ja jeder Mensch einmal Blödsinn macht und man jedem nochmals eine Chance geben soll. Wenn ich wolle, könne ich sofort bleiben.

Darüber war ich natürlich sehr froh. Ich konnte nur staunen, dass alles so gut gegangen war und ich meine Lehre fortsetzen konnte. Dani und Susanne waren auch erleichtert über den Verlauf der Dinge.

Wir wandelten die Lehre in eine Kurz-Ausbildung um, so dass ich keine Fremdsprachen mehr lernen musste und auch die Mathematikstunden weniger wurden. Schulisch gesehen stand ich nun weniger unter Druck. Doch was die praktischen Arbeiten betraf, stresste ich mich selbst damit, alles richtig machen zu wollen. Und doch hatte ich immer das Gefühl, dass alles schief ging. Ich hatte oft Angst, dass ich nicht genug leistete, und war immer darum bemüht, möglichst keine Fehler zu machen. Kritik konnte ich nur schwer ertragen. Wenn mir meine Kollegen sagten, wie etwas richtig oder anders anzupacken war, dann wurmte es mich schwer, dass sie mich korrigierten.

In der Schule merkte ich so langsam, dass ich mehr Luft bekam und mir der Unterricht um einiges leichter fiel als bisher. Wir waren auch eine kleinere Klasse, und der Lehrer konnte ziemlich gut auf uns eingehen. In den praktischen Arbeiten und bei Prüfungen war ich immer gut, was mir und meinem Selbstwertgefühl Auftrieb verschaffte.

Einen halben Tag pro Woche musste ich die Berufsschule in der Stadt besuchen, in der wir die verschiedensten Inhalte durchnahmen, die für unseren Beruf wichtig sind. Mein wöchentlicher Schulweg führte hinter dem Bahnhof durch, vorbei am Drogen-Umschlagplatz. Ich wusste das von Dani, weil er selbst immer wieder dorthin ging, um die Drogenabhängigen anzusprechen.

Immer wieder sah ich auf meinem Weg Menschen, die völlig stoned waren und sich Drogen spritzten. Ein Stück weit faszinierte mich das Leben, das sie führten. Sie vermittelten mir ein Gefühl von Freiheit und Unabhängigkeit. Lange Zeit sah ich nur diese scheinbar positiven Seiten, blickte jedoch nicht hinter die Fassade und war blind für das Elend und die harte Realität in der Szene.

Als Christin fühlte ich mich nicht frei. Meine Vergangenheit verfolgte mich noch immer wie ein großes Ungeheuer und nahm mir fast die Luft. Ich konnte mich niemandem anvertrauen. Die Menschen, die mit mir reden wollten, waren zu aufdringlich und engten mich zu sehr ein. Ich vertrug den Zwang nicht, reden zu müssen. Ich konnte es einfach nicht. Und bei den Menschen, mit denen ich durchaus gerne gesprochen hätte, fehlte mir leider der Mut, um auf sie zuzugehen. Auch meine bisherigen Negativ-Erfahrungen hinderten mich daran, über den Missbrauch zu sprechen, weil ich bisher nur frustriert worden war, wenn ich es versucht hatte. Der Verlust meiner Adoptiveltern nagte zudem an meiner Seele. Ich hatte das Gefühl, sie für immer verloren zu haben. Andererseits sehnte ich mich umso mehr nach einer heilen Beziehung zu ihnen.

Von Gott war ich ziemlich enttäuscht, weil ich anfangs dachte, ich hätte als Christ bestimmt weniger Probleme. Ich entfernte mich mehr und mehr von ihm und distanzierte mich auch innerlich von den anderen Christen und der Gemeinde. Ich ging nur noch widerwillig mit in den Gottesdienst. Alles in mir sträubte sich dagegen, in der Bibel zu lesen. Das Feuer, das vorher in mir brannte, als ich mein Leben Jesus übergab, schien zu verlöschen. Ich fiel immer mehr in meine alten Verhaltensmuster zurück. Eigentlich wurde ich sogar noch schlimmer als vorher: Ich benahm mich noch rebellischer, ließ mich völlig gehen, wurde unpünktlich und unzuverlässig.

In dieser Zeit, als es so bergab ging mit mir, machte ich mir auch viele Gedanken über meine Familie, besonders über meine Adoptiveltern. Ich verstand oft nicht, warum sie den Kontakt zu mir abgebrochen hatten und sich nie meldeten, wenn ich ihnen schrieb. Immer wieder schickte ich Briefe an sie ab in der Hoffnung, ein Lebenszeichen von ihnen zu erhalten. Ich fragte sie wiederholt, ob sie nicht wieder Kontakt zu mir haben wollten. Ich hätte alles darum gegeben, wenn nur unsere Beziehung wieder hätte aufleben können.

Leider kam nur sehr selten Post von ihnen. Meist ging die Initiative von mir aus, und jedes Mal war die Enttäuschung sehr groß, wenn keine oder nur eine abweisende Antwort kam. Ich konnte es nicht verstehen, warum sie sich nicht für mich interessierten, und es tat mir natürlich weh. Immer wieder machte ich mir schwere Vorwürfe, dass ich nicht dankbarer sein konnte und vor allem nicht so, wie sie sich das offenbar vorgestellt und gewünscht hatten. Ständig träumte ich von einer harmonischen und heilen Familie. Doch was ich konkret erlebte, war alles andere als idyllisch.

In der Familie Schmidt nahmen die Spannungen immer mehr zu. Ich fühlte mich oft unverstanden und nicht ganz ernst genommen. Also zog ich mich zunehmend in mich selbst zurück. Im Lauf der Zeit dachte ich vermehrt an Flucht. Ich legte mir einen Plan nach dem anderen zurecht und bastelte in Gedanken daran herum. Ich wollte nur noch weg. Hier würde mich ja doch niemand vermissen. Diese Gedanken nahmen mich völlig in Beschlag und fraßen mich fast auf. Kurze Zeit später entschloss ich mich, tatsächlich zu gehen – auch mit dem Gedanken, dass ich nie mehr zurückkommen wollte.

Eines Abends packte es mich. Ich warf alles weg: meine Zeugnisse, meine Schulbücher und alles, was mir in die Hände fiel. Am andern Morgen zog ich mich nach einer schlaflosen Nacht an, nahm den Schlüssel von der Arbeit mit und warf ihn in den Briefkasten vom Geschäft. Anschließend stieg ich in den nächsten Zug und fuhr in die Stadt. Ich war innerlich getrieben. Ständig flüsterte mir eine Stimme zu: «Wenn du jetzt schon fliehst, dann mach doch gleich ganz Schluss ...»

Am Hauptbahnhof angekommen, lief ich zielstrebig zum Drogen-Umschlagplatz. Ich ging hin und her und beobachtete die Leute, die hier herumsaßen. Viele der Drogenabhängigen hatten Hunde dabei. Manche junge

Leute standen in einer Gruppe zusammen, andere waren auch allein. Die Atmosphäre, die ich hier wahrnahm, war ziemlich hektisch und bedrückend. Zitternd spritzten sich die Junkies ihre Drogen. Während ich mir alles anschaute, ließ ich die vielen neuen Eindrücke erst einmal auf mich wirken. Ich versuchte alles zu verarbeiten und überlegte gleichzeitig, wie ich selbst am besten zu Drogen und Spritz-Utensilien kommen konnte.

Nach einiger Zeit sprach mich ein junger Mann an, ob ich vielleicht Drogen, Heroin, Kokain oder Rohypnol wolle. Ich erzählte ihm von meinem Vorhaben und gab zu, dass ich keine Ahnung hatte, wie man sich selbst den Stoff spritzt. Er meinte, das sei kein Problem, er würde mir schon den ersten Schuss setzen ...

Als der Stoff in meiner Vene war, spürte ich zunächst ein komisches Kribbeln, warm und eigentlich ganz angenehm. Es fühlte sich gut an, und ich merkte, wie ich mich so langsam entspannte und wie sich meine Zunge löste. Ich begann plötzlich sehr viel zu reden, was ja sonst wirklich nicht meine Art war.

Der Rauschgifthändler zeigte mir die Anlaufstelle für Drogenabhängige. Dort gab es etwas zu trinken und zu essen. Man konnte sich auch duschen oder sogar übernachten. Für die nächsten Wochen wurde dieser Ort mein neues Zuhause.

Das zweite Mal spritzte ich mir den Stoff schon selbst, und ich spürte wieder dieses angenehme Kribbeln. Wenn ich gerade auf Heroin war, schien alles gar nicht so schlimm zu sein. Ich entspannte mich, schwelgte in meinen guten Gefühlen und nahm die Welt um mich herum kaum noch wahr. Wenn die Wirkung jedoch nachließ, spürte ich die dunkle, düstere und traurige Atmosphäre umso stärker. Unter den Abhängigen und Dealern herrschten brutale Sitten. Jeder wurde von einer seltsamen Hektik angetrieben, und über allen schwebte die Angst vor der Polizei, die Angst davor, erwischt zu werden.

Trotz meiner Ausflüge in diese andere Welt fühlte ich mich in meinem Innersten immer einsamer und hoffnungsloser. Seltsam: Immer wenn ich in meinem Leben dachte, ich sei ganz unten, ging es immer nochmals eine Stufe tiefer. Man macht sich ja kein Bild ... Erst jetzt wurde mir so richtig bewusst, welch folgenschweren Schritt ich getan hatte. Doch eine Rückkehr kam für mich nicht mehr in Frage.

Abends kamen viele Leute in die Gegend, und es ging zu wie auf einem Marktplatz. Immer wieder hörte man einen Dealer undeutlich vor sich hin nuscheln: «Sugar! Coci! Rohyps! ...» Und dann tauchte plötzlich eine unscheinbare Person vor ihm auf, zog unauffällig verkrumpelte Geldscheine hervor, und der «Warenaustausch» ging geübt über die Bühne. Mitmenschlichkeit war hier ein Fremdwort. Jeder dachte an sich und sorgte für seinen eigenen Nachschub. Kein Wunder: Eine Spritze kostete etwa einen Hunderter, je nach Stoff.

Ich war zwar erst drei Tage hier, hatte aber das Gefühl, schon ewig im Drogenmilieu zu sein. Ein Tag kam mir vor wie ein Monat. Durch den Drogenkonsum verlor ich jegliches Zeitgefühl und jedes Gespür für die Realität. Innerhalb kürzester Zeit hatte ich auch die Achtung vor mir selbst und vor den anderen verloren. Mir war alles egal, und ich kümmerte mich plötzlich auch nicht mehr darum, was die anderen Leute über mich dachten. Es kam vor, dass ich nach einem Schuss erbrechen musste – und zwar mitten auf dem Gehsteig. Links und rechts eilten die Menschen an mir vorüber und sahen verächtlich auf mich herab. Doch mir war das einerlei. Ich sah nur noch mich.

Manchmal übernachtete ich nicht in der Notschlafstelle, sondern irgendwo auf der Straße, vor einem Eingang oder sonst wo. Meist war ich in der Nacht wach und schlief dafür am Tag.

Unter den Drogenabhängigen gab es bestimmte Spielregeln, in die man sehr schnell eingeweiht war. Ich lernte auch rasch, mich vor der Polizei in Acht zu nehmen. «Lass dich nie mit Stoff erwischen!» ermahnten mich die anderen wiederholt. Ich nahm ihren Ratschlag gerne an, blieb aber sonst von ihnen distanziert. Wie schon in der Schule war ich auch hier eine Einzelgängerin und freundete mich mit niemandem an. Ich wollte auch keinem so recht trauen.

Eines Nachmittags stand ich vor der Anlaufstelle und rauchte eine Zigarette. Mein Drogenrausch war noch nicht ganz abgeklungen. Neben mir stand ein Typ und mischte sich irgendetwas zusammen. Auf einmal entstand eine große Unruhe. Eine Gestalt kam schnell auf uns zu, stellte sich vor den Mann neben mir, zückte ein langes Messer und stach ihm immer wieder in den Bauch. Es ging alles blitzschnell. Der Mann neben mir sank in die Knie und stöhnte laut, während sich um ihn herum eine riesige Blutlache bildete. Der Täter verschwand so schnell, wie er gekommen war.

Fassungslos starrte ich auf den Verletzten neben mir und konnte einfach nicht begreifen, was da soeben abgelaufen war. Ich hatte das Gefühl, Teil eines seltsamen Albtraums zu sein. Der Vorfall berührte mich andererseits nicht sehr tief, weil ich in meinem Rausch das Geschehen nur wie aus weiter Ferne wahrnahm. Plötzlich zerrte mich jemand auf die Seite und rief: «Komm, wir verschwinden von hier, bevor die Polizei kommt!» Der Mann überlebte den Überfall nicht. Er verblutete auf offener Straße.

Derartige Szenen waren an der Tagesordnung. Schon nach einer Woche hatte ich den Eindruck, alles gesehen zu haben. Ich verlor mein Zeitgefühl ganz und konnte nicht mehr sagen, welchen Tag oder welche Uhrzeit wir hatten. Meine Armbanduhr hatte ich schon lange nicht mehr, denn hier konnte ich gut ohne sie auskommen.

Mein Geld wurde allmählich knapp. Ich brauchte

inzwischen etwa sechs Spritzen pro Tag. Die gebrauchten konnten wir zurückgeben und bekamen dafür neue. Es kam aber auch vor, dass ich die Nadel von jemand anderem benutzte oder dass ich nicht genug Zeit hatte, um mir erst eine neue zu holen. Ich war mir der damit verbundenen Gefahr vollkommen bewusst, doch ließen mich mögliche Folgen kalt, da mir sowieso alles egal war. Was meinen Drogenkonsum betraf, so spritzte ich mir meistens ein Gemisch aus Heroin und Kokain – den berühmten «Cocktail». Um weiterhin an meinen Stoff zu kommen, lieh ich mir immer wieder Geld und war rasch hoch verschuldet.

Während der ersten Zeit im Drogenmilieu hatte ich vor allem Angst vor der Polizei. Vielleicht hatten Dani oder meine Beiständin ja eine Vermissten-Anzeige aufgegeben und ließen mich suchen. Doch nach drei Wochen schien mir die Gefahr, entdeckt zu werden, vorüber zu sein. Von nun an war ich nicht mehr besonders vorsichtig.

So ging es immer weiter bergab mit mir. Alles schien völlig aussichtslos zu sein. Schließlich fasste ich den Entschluss, mir das Leben zu nehmen. Wozu sollte ich noch weiterexistieren? Ich sah sowieso keinen Sinn mehr. Null Perspektive. Null Lebenslust. Null Horizont. Nur eine Sehnsucht trieb mich noch an: die Sehnsucht, sterben zu dürfen, tot sein zu dürfen und endlich, endlich Ruhe zu finden ...

12

Völlig am Ende

Der Tod wurde jetzt greifbar. Ich war meinem Ziel nahe. Für einen Moment musste ich zwar noch an Jesus denken. Ich hatte ihn seit einigen Monaten ganz bewusst aus meinem Gedächtnis verbannt, musste aber immer krampfhaft darum kämpfen, möglichst nicht an ihn zu denken. Ich verdrängte jede Erinnerung an ihn und flüchtete eben, so gut ich konnte. Die Drogen ließen mich die Zeit und die Beziehung mit Gott problemlos vergessen. Aber in meinen Träumen kamen die Gedanken häufig wieder. Als ich nun meine Vergangenheit ein hoffentlich letztes Mal an mir vorüberziehen ließ, spürte ich in mir eine tiefe Traurigkeit und so etwas wie ein starkes Bedürfnis: den Wunsch umzukehren. Doch so schnell dieser «Gefühlsausbruch» gekommen war, so schnell unterdrückte ich ihn auch wieder.

Ich war fest davon überzeugt, dass mich niemand vermissen würde, weil ich ja sowieso immer nur Mist baute. Ja, der Tod wäre die einzig richtige Lösung! Dann hätten endlich alle Ruhe vor mir, müssten sich nicht mehr über mich aufregen, die Geduld wegen mir verlieren oder auch nur den kleinsten Gedanken an mich verschwenden. Einerseits wollte ich unbedingt sterben, andererseits wurde ich auch förmlich dazu getrieben. Ich spürte in mir eine böse Macht, die mein Leben auslöschen wollte.

Rasch bereitete ich die Spritze vor, schluckte alle Tabletten, die ich bei mir hatte, und setzte mir den Schuss – in der Überzeugung, dass dies der so genannte «goldene Schuss» sein würde, der mir den Tod brachte.

Ziemlich schnell spürte ich die Wirkung. Ich stand auf, aß noch eine Orange und lief dann etwa eine halbe Stunde lang in Richtung Stadt, als ich plötzlich den Boden unter den Füßen verlor ...

Später erzählte man mir, dass man von einem nahe gelegenen Restaurant aus reagiert und sofort die Ambulanz benachrichtigt hatte. Ich wurde ins nächstgelegene Krankenhaus gebracht und im Überwachungsraum an diverse Geräte und Infusionen gehängt, weil ich zu wenig Sauerstoff im Blut hatte. Die Schwestern fanden die Adresse von Dani in meinem Portemonnaie und benachrichtigten ihn sofort. Da er sich für mich verantwortlich fühlte, versicherte er, so schnell wie möglich zu kommen und mich abzuholen. Da sein Bruder Arzt war, würde dieser helfen, falls es medizinische Probleme geben sollte.

Langsam kam ich wieder zu mir und erwachte in einem weißen Bett. Als mir eine weiß gekleidete Frau etwas zu trinken gab, musste ich sofort erbrechen. Aus der Ferne hörte ich eine Stimme, die mir irgendwie bekannt vorkam, die ich aber in meinem Nebel nicht so ganz einordnen konnte. Ich kann mich nicht mehr erinnern, was und wie alles vor sich ging. Ich weiß nur noch, dass Dani kam, um mich abzuholen. Aber wie ich ins Auto kam und welche Uhrzeit war, davon habe ich keine Ahnung. Es muss wohl Abend oder Nacht gewesen sein, weil Susanne mich aufforderte, ins Bett zu gehen. Wie ein Roboter befolgte ich ihre Anweisungen. Ich konnte nicht klar denken und machte alles mechanisch.

Ich schlief wohl sofort ein, erwachte aber bald wieder und fragte mich, was ich eigentlich hier zu suchen hatte. Ich sprang aus dem Bett, zog meine Turnschuhe an, drückte leise die Türklinke durch, quälte mich Stufe für Stufe die Treppe hinunter in der Hoffnung, dass sie nicht knarrte, und schlich mich aus dem Haus.

Erleichtert rannte ich in Richtung Bahnhof, wo ich allerdings schon kurze Zeit später Dani entdeckte, der suchend umherlief. Wahrscheinlich hatte er gehört, wie ich das Haus verlassen hatte, und versuchte nun, mich zurückzuholen. Ich versteckte mich rasch in einem dunklen Winkel und blieb tatsächlich unentdeckt.

Dani fand mich nicht, und so nahm ich den ersten Zug zurück in die Stadt. Noch immer konnte ich das Geschehen nicht einordnen. Ich war so getrieben, und ich ließ mich auch treiben. Am Hauptbahnhof angekommen, realisierte ich, dass ich kaum noch Geld bei mir hatte. Es reichte gerade, um mir etwas zu trinken zu kaufen.

Nun musste ich mir wieder etwas einfallen lassen, wie ich zu Geld kommen konnte. Ich versuchte es mit betteln, indem ich Leute am Bahnhof um Geld bat. Oft hatte ich Glück, doch es war nie viel – vielleicht sechs Franken pro Tag. Damit kam ich natürlich nicht sehr weit und konnte mir schon gar keine Drogen davon kaufen.

Zu meinem Pech änderte man in dieser Zeit die Regeln in der Notschlafstelle. Ab sofort durfte man dort nur noch übernachten, wenn man einen besonderen Ausweis hatte, der einen Wohnsitz in der Stadt aufwies. Wer hier gemeldet war, durfte weiterhin in die Notschlafstelle kommen. Auswärtige aber hatten keine Chance mehr. Um auch einen solchen Ausweis zu erhalten, musste ich mit meiner Beiständin Kontakt aufnehmen. Wir machten einen Termin aus, und ich brachte mein Anliegen vor. Sie wollte noch länger mit mir reden, doch mir ging es nur um meinen Ausweis. Ich wollte so schnell wie möglich wieder verschwinden. Sie versuchte wiederholt, mich zur Rückkehr zu bewegen, und wollte mich ermutigen, mich bei Familie Schmidt zu melden. Ich könne dann auch bestimmt meine Lehre fortsetzen. Aber von all dem wollte ich nichts hören. Darum sagte ich ihr, dass ich es eilig hätte. Schließlich gab sie auf und ließ mich gehen. Ich war erleichtert.

In den nächsten Tagen wurde der bisherige Drogen-Umschlagplatz ums Bahnhofsgelände herum definitiv geschlossen. Der Polizei-Einsatz war massiv, überall herrschte große Unruhe und Hektik. Einige wurden sogar festgenommen.

Von nun an würde es noch schwieriger sein, an Drogen heranzukommen, vermutete ich. Doch am nächsten Tag sah man die gleichen Menschen auf der Straße in einem nahe gelegenen Stadtviertel herumgammeln. Nun war ich wie die anderen Süchtigen gezwungen, auf der Straße zu spritzen, während die Straßenbahn an uns vorüberfuhr und uns viele Passanten entsetzt anstarrten. Manchmal kam es auch vor, dass ich in der Bahn spritzte, wobei mir egal war, was die Leute dachten – wenn sie mich nur in Ruhe ließen.

Weil es nach der Schließung unserer bisherigen Bleibe am Bahnhof vermehrt zu Schlägereien, Spannungen und Aggressionen kam, schlief ich sehr häufig in der Notschlafstelle. Draußen war es jetzt einfach zu gefährlich. Meine Beiständin fand übrigens nach einiger Zeit heraus, wo ich mich aufhielt, und fragte dort immer wieder nach, wie es mir ging.

An einem Abend kam ich ziemlich niedergeschlagen in die Notschlafstelle. Die diensthabende Betreuungsperson bat mich zu sich ins Büro und erzählte mir, dass meine Beiständin angerufen hatte. Ich könne meinen Ausweis für die Notschlafstelle in den nächsten Tagen abholen. Ich sagte: «Das ist gut. Dann werde ich gleich morgen gehen und ihn holen.» Ich hatte schon die Hand an der Türklinke, als mich die Frau zurückhielt und sagte: «Melanie, geh doch wieder nach Hause. Es machen sich bestimmt viele liebe Menschen Sorgen um dich. Da sind einige, die dich gern haben.» Um ihre Worte noch zu verstärken, nahm sie mich in ihre Arme und drückte mich an sich.

In diesem Augenblick war ich wie gelähmt; einerseits

von solch nahem Körperkontakt fast überfordert, andererseits innerlich tief berührt von dieser Szene. Ich wurde weich, und ein großer Schmerz überkam mich. Einen Moment lang dachte ich: Wie lange habe ich mich nach so einer herzlichen Umarmung gesehnt! Ich fühlte mich beinahe wohl darin, doch ich konnte diese Gefühle nicht an mich heranlassen, weil sie mich zu stark stressten. Fast hätte ihre Wärme meine Härte durchbrochen, aber ich konnte mich noch knapp zusammenreißen. Doch innerlich nagten der Schmerz und die Sehnsucht weiter und fraßen sich in mein Herz.

Nach diesem Vorfall, und auch wegen der zunehmenden Unruhe in der Notschlafstelle, zog ich es vor, wieder außerhalb zu schlafen. Ich wollte dadurch auch meiner Beiständin und Dani entkommen. Sie sollten nicht wissen, wo ich war. Wieder musste ich mir ernsthaft über meinen Unterhalt Gedanken machen. Woher sollte ich das viele Geld nehmen, das ich für die Drogen brauchte? Ich versuchte es mit Ladendiebstählen, die mir aber nur wenig Geld einbrachten – lange nicht so viel, wie ich brauchte.

Dann traf ich den jungen Mann wieder, der mir meinen ersten Schuss gespritzt hatte. Er sagte, er könne mir leicht Arbeit verschaffen, bei der ich genug verdienen würde. Ich wusste genau, was er meinte, doch ich sträubte mich innerlich dagegen, auf eine derartige Weise zu Geld zu kommen. Andererseits wusste ich, dass dies für mich im Moment die einzige Möglichkeit war, schnell viel Geld zu machen. Innerlich dachte ich auch: «Mein Körper gehört schon seit meiner Kindheit nicht mehr mir. Ich habe nichts mehr zu verlieren.» Der Dealer zeigte mir, an welchem Ort ich arbeiten konnte. Er bekäme das Geld und würde im Gegenzug dafür «besorgt» sein, dass ich immer genug Stoff hätte.

Von diesem Augenblick an tauchte ich in eine Welt ein, die ich mir vorher niemals so schlimm vorgestellt hatte. Ich hätte nie gedacht, dass die Arbeit auf dem Strich so demütigend und unmenschlich ist. Ich machte meine «Arbeit» nur, nachdem ich mir zuvor einen Schuss gesetzt hatte. In den nächsten Wochen bekam ich viele Männer zu sehen und zu spüren. Es waren auch nicht wenige Familienväter dabei, die mit einem Auto vorfuhren, in dem sich hinten auf der Rückbank ein Kindersitz und vorne ein Foto der Ehefrau befanden.

Ich war fassungslos. Arbeiter, Junge, Alte und sogar Frauen zählten zu meinen Kunden. Sie wünschten sich die unmöglichsten Sachen, und ich bekam ihre perverse Lust zu spüren. Bis aufs Mark wurde ich gedemütigt und musste stundenlang einfach hinhalten. Jeder einzelne «Besucher» brauchte für sich genommen nicht lange, doch zusammengerechnet waren es für mich ewige Stunden. Eigentlich waren die Handlungen ziemlich die gleichen, die ich auch schon von meinem Großvater und meinem Erzieher her kannte. Doch alles ging viel schneller und brutaler vor sich, weil jeder möglichst schnell auf seine Kosten kommen wollte. Ich musste viel Gewalt ertragen und ließ wieder einmal alles über mich ergehen – was blieb mir auch anderes übrig? Für mich war das Wichtigste, dass ich meinen Stoff bekam.

Während des Missbrauchs durch meinen Großvater hatte ich nie verhütet – ich hatte ja keine Ahnung. Nicht einmal als mich der Therapeut vergewaltigte, dachte er daran, uns zu schützen. Ich hätte also jederzeit schwanger werden oder mich mit AIDS anstecken können. Während meiner Arbeit im Milieu nahm ich zwar die Pille, doch es gab zahlreiche Grenzfälle, bei denen ich mich hätte infizieren können. Da ich aber extrem abgestumpft war, kümmerte ich mich nicht besonders um den Schutz vor AIDS.

Doch der Druck von meinem Zuhälter wurde immer größer. Er verlangte immer mehr Arbeit und immer mehr Geld und trieb mich dazu, immer perversere «Spielchen» mitzumachen. Innerlich fühlte ich mich wieder einmal wie tot. Aber mein Körper arbeitete weiter.

Wie lange noch?

Wer bin ich?
Ich weiß es nicht mehr.
Verwirrt irre ich durch die Zeit.
Als Sklavin
der Heuchelei und Lüge
fühle ich mich wertlos.
Wonach ich mich sehne,
scheint so weit in der Ferne zu liegen
– utopisch, unerreichbar –
einer zerplatzenden Seifenblase gleich.

Wann ist der Albtraum endlich vorbei?
Wann werde ich wirklich frei sein?
Frei von mir selbst,
frei von allen menschlichen
Erwartungen, Irrungen, Verdrehungen?
Ich sterbe.
Lebend sieche ich dahin.
Sterbend versuche ich weiter zu atmen –
Tag für Tag.

Aber wie lange noch?

13

Der größte Kampf

An einem Abend kam es in der Notschlafstelle zu einer heftigen Auseinandersetzung. Ich selbst nutzte diese Gelegenheit, um die verschiedenen Zimmer nach Stoff abzusuchen. Doch ich blieb erfolglos. Meinen Schlafraum teilte ich mit einer jungen Frau, die blind und genau wie ich drogensüchtig war. Vor sich hatte sie verschiedene Päckchen mit Kokain ausgebreitet, von denen ich ihr leise eines entwendete. Ich merkte allerdings nicht, dass in dem Moment ihr Freund das Zimmer betrat und sich hinter mich stellte. Als ich mich umdrehte, um den Raum zu verlassen, prallte ich voll gegen ihn. Er packte mich in rasender Wut und schmiss mich zu Boden. Bevor er zum nächsten Schlag ausholte, rannte ich davon, so schnell ich konnte. Ich verlangsamte meinen Schritt erst wieder, als ich völlig außer Atem am Hauptbahnhof ankam.

Ich wusste, dass ich aufgrund dieses Vorfalls nie mehr zu dieser Notschlafstelle zurückkonnte und dass es von nun an noch schwieriger sein würde, in der Stadt zu bleiben, weil mich dieser Mann theoretisch überall aufstöbern konnte. Ich wusste, dass er mich das nächste Mal töten konnte, denn solche Leute sind fähig, einen Mord zu begehen, ohne dabei ein schlechtes Gewissen zu haben. So etwas gibt es in der Szene nicht.

Ich stand nun vor einer für mich wichtigen Grundsatz-Entscheidung: Sollte ich in eine andere Stadt gehen oder Dani anrufen und fragen, ob ich wieder zurückkommen durfte? Eine Stimme in mir sagte: «Ja, Melanie, pack diese Chance, ruf an und frag ihn. Er wird dich bestimmt wieder aufnehmen!» Doch eine andere Stimme flüsterte mir gleichzeitig zu: «Ach, was soll's? Er wird dich ganz sicher nicht aufnehmen nach all dem, was du angerichtet und ihm angetan hast. Und sieh nur, wie heruntergekommen du bist. In deinem Zustand solltest du dir lieber eine andere Stadt suchen.»

Die Entscheidung fiel mir alles andere als leicht. Mal war ich nah dran, die Nummer von Schmidts zu wählen, um mein Vorhaben im nächsten Moment wieder aufzugeben. Dann ging ich auf die Plakate mit den Abfahrtszeiten zu, um zu schauen, wann der nächste Zug zu ihnen fahren würde. So rannte ich zwischen Telefonzelle und dem Bahnsteig hin und her. Der Kampf machte mich fertig. Kurz vor Mitternacht ging ich schließlich noch einmal zum Telefon, warf ein paar von meinen wenigen Münzen ein und wählte die Nummer.

Mein Herz klopfte bis zum Hals. Was sollte ich genau sagen? In meinem Kopf war so ein Durcheinander, dass ich mir keine Rede zurechtlegen konnte. Dani meldete sich am anderen Ende der Leitung. Erst zögerte ich den Bruchteil einer Sekunde, dann platzte ich heraus: «Hier ist Melanie. Ich möchte dich fragen, ob ich wieder zurückkommen darf?»

Lange war es still am anderen Ende. Ich hielt vor Aufregung und Anspannung die Luft an. Dani schien überrascht zu sein, ein Lebenszeichen von mir zu bekommen bzw. sogar mit mir persönlich zu sprechen – nach monatelangem Beten und Warten auf seiner Seite. Dann sagte er: «Ja, Mel, komm wieder nach Hause, wir warten auf dich.»

Ich nahm sofort den nächsten und gleichzeitig letzten Zug zu ihnen. Während der Fahrt war ich einfach nur froh, dankbar und erleichtert, dass jemand auf mich wartete. Doch je näher ich schließlich ihrem Haus kam, desto heftiger klopfte mein Herz. Was würde mich hier erwarten?

In diesem Augenblick schaute Dani zum Fenster hinaus und winkte mir zu, als er mich erblickte. Er und seine Frau öffneten die Tür und warteten auf mich. Ich wurde sehr traurig, weil mir plötzlich bewusst wurde, wie tief ich gefallen war und was ich auf der Straße alles erlebt hatte. Ich war in den letzten Monaten so schrecklich einsam gewesen. Nun war es für mich ein Nach-Hause-Kommen wie in der Geschichte vom verlorenen Sohn. Wartete da nicht vielleicht auch Gott auf mich, um mich mit offenen Armen zu empfangen?

__Wenn ich in einem Augenblick__
mein Leben an mir vorüberziehen lasse,
so sehe ich mich
meinen eigenen Weg gehen,
auf andere Stimmen hören,
als Sklavin mein Dasein fristen –
Körper, Geist und Seele zerstören.
Dir den Rücken zugewandt,
sehe ich dich nicht mehr und versuche,
jede Erinnerung an dich zur Seite zu schieben.

Aber nun kehre ich um und blicke zu dir:
Vater, zu Hause wartest du auf mich.
Du stehst vor dem Eingang
und hältst Ausschau nach mir –
jederzeit bereit, die Arme auszubreiten,
mich an dein Herz zu drücken
und mich willkommen zu heißen.

Du wartest. Du zwingst nicht.
Kommen muss ich selbst.
Du hast mich eingeladen,
mich aus dem Sumpf gerufen und gezogen,
um mit mir am Tisch zu sitzen
und ein Freudenfest zu feiern.

Auf die Einladung zu reagieren,
liegt nun bei mir.

Vater, du wartest auf mich.
Ich bin überwältigt
und komme zu dir –
nach Hause.

Nach einer innigen Begrüßung gingen wir gemeinsam ins Wohnzimmer, und ich bekam einen heißen Tee zu trinken. Dani und Susanne sahen mich lange an und sagten: «Schön, dass du wieder bei uns bist, Melanie. Wir haben dich sehr vermisst.» Ich war innerlich so berührt von ihren Worten, dass ich nur stammeln konnte: «Vielen Dank, dass ich wieder nach Hause kommen durfte.» Dani meinte, ich sei sicherlich müde und solle darum erst einmal richtig schlafen. Am nächsten Tag würden wir dann über den nächsten Schritt sprechen.

Mein Bett war frisch bezogen. Es war lange her, seit ich das letzte Mal in einem sauberen, warmen Bett geschlafen hatte. Ich musste mich auch erst wieder daran gewöhnen, dass um mich her alles so still war. Bald fiel ich in einen unruhigen Schlaf.

Am anderen Morgen erwachte ich ziemlich früh. Zuerst dachte ich, die vergangenen Erlebnisse seien nur ein Traum gewesen, und wusste im ersten Augenblick nicht, warum ich eigentlich hier war. Doch nach und nach kam ich in die Realität zurück und erinnerte mich genau.

Als ich zum Frühstück hinunterkam, war die ganze Familie um den Tisch versammelt. Es war Samstag, und so hatten alle frei. Das Essen verlief ziemlich schweigsam, worüber ich aber erleichtert war, da sich bei mir so langsam die ersten Entzugserscheinungen bemerkbar machten. Am ganzen Körper juckte es mich fürchterlich. Diese Reaktion kam vom Kokain. Es war für mich schwierig, den Entzug zu ertragen, weil ich merkte, wie mein ganzer Körper nach dem Stoff verlangte. Doch zurück in die Stadt wollte und konnte ich nicht, das wusste ich genau.

Erstaunlicherweise blieb es beim Juckreiz.

Nach dem Frühstück bat mich Dani, in sein Büro zu kommen. «Mel, ich möchte mit dir den nächsten Schritt besprechen. Wir dachten uns, dass es für dich vielleicht das Beste wäre, in ein Therapiezentrum zu gehen, um dort einen Entzug zu machen und all deine Erlebnisse der Vergangenheit aufzuarbeiten. Außerdem könntest du auch eine Lehre machen. Was hältst du von diesem Vorschlag?»

Ich sagte, dass ich einverstanden sei, fragte aber auch, ob sie mich denn überhaupt noch lieb hätten. Das war für mich sehr wichtig zu wissen. «Ja, natürlich haben wir dich immer noch gleich lieb. Aber wir möchten einfach, dass dir geholfen wird, denn du bist noch so jung!» Zu dieser Zeit war ich achtzehn Jahre alt.

Die nächsten Tage verbrachte ich damit, meine Kleider und mein weniges Hab und Gut zu packen. Es war wie ein Wunder, dass ich außer dem erbärmlichen Jucken keine weiteren Entzugserscheinungen spürte. Wegen des Heroins hätte ich eigentlich noch unter Übelkeit, Erbrechen und Muskelkrämpfen leiden müssen, doch ich merkte nichts von alledem. Nur mit dem Schlafen hatte ich ziemlich Mühe, nicht nur aufgrund der Drogen, sondern auch weil ich mich daran gewöhnt hatte, am Tag zu schlafen und in der Nacht wach zu bleiben und zu arbeiten. Das Durchschlafen fiel mir schwer. Auch an eine gesunde Ernährung musste ich mich erst wieder gewöhnen. Drei Monate lang hatte ich mich von Müsli mit viel Zucker und von Suppe ernährt.

Weil im Therapiezentrum keine Haustiere erlaubt waren, musste ich mich schweren Herzens von meiner Ratte trennen, die ich mir während meiner Drogenzeit gekauft hatte. Mein Meerschweinchen und der Hase wurden schon lange von Schmidts versorgt, und bis ich meine Therapie beendet hätte, konnten sie weiterhin bei ihnen bleiben. Darüber war ich sehr froh, denn so konnte ich sie immerhin von Zeit zu Zeit sehen. Ich hatte nach wie vor eine starke Bindung an Tiere. Mir waren sie ein Ersatz für einen Gesprächspartner. Bei Tieren fiel mir das Reden sehr leicht, und ich musste keine Angst davor haben, verletzt zu werden.

Dann war es so weit. Dani fuhr mich zu meiner nächsten «Station». Ein neuer Lebensabschnitt würde hier für mich beginnen. Bei meinem neuen Zuhause angekommen, wurde mir sofort mein Zimmer gezeigt. Während ich meine Sachen einräumte, hatte Dani noch ein Gespräch mit dem für mich zuständigen Therapeuten Christoph und erzählte ihm, was er über mich wusste: von meiner Vergangenheit, meiner Herkunft, vom Heim und der letzten Zeit im Drogenmilieu. Doch er konnte nur wenig erzählen, weil er in Wirklichkeit nur sehr wenig über mich wusste. Vom Missbrauch hatte er keine Ahnung.

Ich war froh, dass ich ein wenig Zeit für mich hatte und allein war. So konnte ich all das Neue auf mich wirken lassen und mich in der neuen Umgebung umsehen. In meiner Gruppe waren wir zu sechst, wobei ich die Jüngste war. Die meisten waren sehr nett, was mir natürlich gut tat.

Doch was mir nach wie vor zu schaffen machte, war die Stille. Ich hatte Angst davor, in ein Loch zu fallen und von meiner Geschichte eingeholt zu werden. Immer wieder drohten die schrecklichen Erlebnisse der Vergangenheit in mir hochzukommen. Die altbekannten Depressionen plagten mich wieder. Die letzte Zeit waren sie zwar auch da gewesen, doch hatte ich sie durch den Drogenkonsum gut unterdrücken und vergessen können. Ich hatte nichts mehr gespürt. Nun überwältigten mich diese traurigen Gefühle von neuem. Schon am

Morgen erwachte ich mit ihnen und wurde sie den ganzen Tag über nicht mehr los.

Christoph klärte ab, wo ich tagsüber am besten arbeiten konnte. Ich hatte die Möglichkeit, in einem Kerzenatelier oder bei einer befreundeten Bauernfamilie mitzuhelfen. Dieser Bauernhof befand sich ganz in der Nähe des Therapiezentrums. Als wir einmal hinfuhren, um uns alles anzusehen, wusste ich auf Anhieb, dass es mir hier gefallen würde. Ich konnte mir sehr gut vorstellen, eine Zeitlang im Betrieb mitzuarbeiten. Christoph entschied jedoch, dass ich erst zu einem späteren Zeitpunkt anfangen sollte und es fürs Erste besser wäre, wenn ich ein paar Wochen im Kerzenatelier arbeitete, weil dort die ganze Zeit über eine Ansprechperson für mich da war.

Von nun an ging ich morgens um acht Uhr in das Atelier, aß dort auch mit Diana, der Leiterin, zu Mittag und ging abends um fünf Uhr wieder ins Wohnheim zurück. Nebenbei hatte ich regelmäßig Gespräche mit Christoph, womit ich mich allerdings schwer tat. Ich sollte mich wieder einmal öffnen und von meiner Kindheit erzählen, von meiner Heim-Zeit und von meinen Problemen. Das fiel mir nach wie vor äußerst schwer. Hinzu kam, dass ich vor allem Mühe hatte, mich vor einem Mann zu öffnen, doch sagte ich davon nichts. Auch hier fiel ich oft in mein altes Verhaltensmuster zurück und schwieg einfach. Das war für Christoph schwer nachzuvollziehen. Wie hätte er mich auch verstehen sollen, da er doch den gesamten Hintergrund überhaupt nicht kannte?

Schließlich wurde beschlossen, dass ich von nun an mit einer Frau sprechen sollte, so dass nur noch das Organisatorische über Christoph lief. Doch schon bald zeigte sich, dass auch das nicht die Lösung war. Corinne, zu der ich von nun an in die Seelsorge ging, gelang es genauso wenig, meine Mauer zu durchbrechen. Sie erfasste nicht, was ich sagen wollte, und konnte meine Angst und Unfähigkeit, mich richtig auszudrücken, nicht einordnen. Sie beschäftigte sich vor allem mit meinem Drogenproblem, während ich mir wünschte, ernst genommen zu werden und Hilfe zum Thema Missbrauch zu erhalten. Wenn ich dieses Thema vorsichtig anzusprechen versuchte, spürte ich sehr schnell ihre Überforderung und Unsicherheit auf diesem Gebiet. Irgendwann gab sie auf, so dass ich meine seelsorgerlichen Gespräche bald wieder bei Christoph hatte. Was Gruppengespräche betraf, so hielt ich mich hier eher zurück und verkroch mich in mich selbst.

Im Kerzenatelier fühlte ich mich sehr wohl und hatte auch zunehmend gute Gespräche mit Diana. Die Arbeit war zwar immer die gleiche, doch verlangte sie viel Konzentration und Genauigkeit – gerade die Fähigkeiten, mit denen ich so Mühe bekundete. Ich ertappte mich wiederholt dabei, wie meine Gedanken in die Ferne schweiften. Oft ging ich dann gedanklich nach Zürich und lebte dabei in meinen Erinnerungen. Allerdings kam es immer sehr darauf an, wie es mir gerade ging. Dementsprechend fiel dann auch die mir zugewiesene Arbeit aus. Da ich sehr instabil war, tat es mir gut, einen festen Tages- und einen geregelten Arbeitsablauf zu haben.

Im Zusammenleben mit den anderen Bewohnern tat ich mich ziemlich schwer. Es machte mir lange Zeit Mühe, meine Fehler und Schwächen zu zeigen und zuzulassen. Ich wollte mich als Person nicht preisgeben, war nicht kritikfähig und nahm alles viel zu persönlich. Wenn mich einer von den anderen auf etwas hinwies, dachte ich gleich, sie hätten mich nicht mehr gern. Ich konnte nie ausgelassen, fröhlich oder entspannt sein. Immer war ich kontrolliert, beherrscht und ernst. Meine Gefühle verbarg ich hinter der großen Mauer, die ich schon vor Jahren aufgebaut hatte.

Was meine Probleme mit Geld betraf, so bekam ich

beim Verwalten meiner Finanzen zunehmend Verantwortung übertragen. Doch schon bald zeigte sich, dass ich immer noch nicht damit umgehen konnte. Früher hatte ich immer genug gehabt, weil ich mir von anderen Geld borgte oder mir einfach nahm, was ich brauchte. Wenn ich mir etwas kaufte, bewirkte das noch immer ein gutes Gefühl in mir, und ich bildete mir ein, dass es mir als Mensch nun besser ging. Ich merkte, dass ich unter Kaufsucht litt. In der Seelsorge sprachen wir viel über dieses tief sitzende Problem.

Es hatte sich sogar auf meine Beziehung zu Gott ausgewirkt. Ich kaufte mir christliche Bücher oder sonstige Sachen, um mich vor Gott besser zu fühlen. Ich hatte dann das Gefühl, ich stünde vor Gott besser da, wäre ihm näher und er hätte mich lieber. Ich wusste zwar eine Menge über Gott, doch blieb das ganze Wissen in meinem Kopf hängen, während mein Herz für diese Wahrheit unempfänglich schien.

In der Seelsorge nahmen wir das Buch «Das Vaterherz Gottes» von Floyd McClung durch, das mich stark berührte und mir zeigte, dass ich ein komplett falsches Bild von Gott als meinem Vater hatte. Der Vater, den ich kannte – mein Adoptivvater –, hatte mich schon früh innerlich abgeschrieben und konnte seine Gefühle mir gegenüber nie ausdrücken. Nie hatte ich von ihm gehört, dass er mich lieb hätte. Im Grunde hatte ich keinen Vater. Weder meinen leiblichen Vater noch meinen Adoptivvater kannte ich wirklich.

Bei diesem Hintergrund und dem fest verankerten gestörten Vaterbild dauerte es sehr lange, bis ich in meinem Herzen wusste, dass Gott sich als Vater um mich kümmert und dass er sich tatsächlich dafür interessiert, wie es mir geht. Das war ein langer Prozess, wobei der Schmerz darüber, dass meine Familie keinen Kontakt zu mir wollte, immer wieder aufbrach. Dieser Bruch tat mir weh, und ich konnte es einfach nicht verstehen.

So häufig hatte ich ihnen schon geschrieben, doch fast nie kam eine Reaktion. Ein weiteres Problem, das ich mit in die Therapie schleppte, war meine Angst, zur Wahrheit zu stehen. Ich verheimlichte oft Dinge, weil ich mich fürchtete, sie zuzugeben. Meine Furcht vor möglichen Konsequenzen ließ mich immer schweigen.

Nach sechs Monaten Therapie konnte ich endlich auf dem Bauernhof arbeiten. Schon früh am Morgen half ich im Stall, was mir sehr gefiel. Ich liebte es, bei den Tieren zu sein und sie zu versorgen. Im Sommer half ich auch auf der Weide bei der Heu-Ernte. Die körperliche Arbeit und das Gefühl, gebraucht zu werden, taten mir gut, und ich fühlte mich angenommen.

Judith, eine junge Frau aus der freikirchlichen Gemeinde, die ich früher besucht hatte, kam in dieser Zeit oft vorbei. Häufig blieb sie bis nach Mitternacht bei mir und schenkte mir ihre ganze Aufmerksamkeit. Ich konnte ihr viel über mich und meine Erlebnisse erzählen. Sie war sehr feinfühlig und warmherzig, und ich mochte sie gern. Als ich am Anfang noch nicht so recht wusste, was ich mit ihr reden sollte, nahm sie mir diese Angst, indem sie mir zu verstehen gab, dass sie keine Erwartungen an mich stellen wollte. So konnte ich mich frei fühlen.

Zu Beginn hatte ich auch große Angst, wenn sie ihren Arm um meine Schultern legte, um mir zu zeigen, dass sie mich gern hatte. Das war mir unangenehm, und ich saß wie auf Nadeln, weil ich immer darauf wartete, dass sie mir wehtun würde. Obwohl Judith mein Verhalten nicht verstehen konnte, brachte sie doch mir gegenüber sehr viel Geduld auf. Genau das brauchte ich. Anfangs war der Kontakt eher einseitig, weil ich so beziehungsunfähig war und einen Rucksack von Verletzungen mit mir herumschleppte.

Judith erzählte mir viel von Gottes Liebe und las mir häufig aus der Bibel vor. Sie war mir eine echte Hilfe, denn durch sie konnte ich Gott so kennen lernen, wie er wirklich ist. Ihre Spontaneität holte mich immer wieder aus meiner Reserve, und ich lernte durch sie auch, dass man sich einem Menschen durchaus nähern kann, ohne immer nur negative Dinge zu erleben. Judith war in dieser Zeit wie eine liebe Schwester und Freundin für mich.

Auf dem Bauernhof musste ich zunehmend Verantwortung übernehmen. Bald kochte ich für sieben Personen das Essen, wusch die Kleider und führte den Haushalt. Ich wurde immer zuverlässiger und ausgeglichener und machte schnell Fortschritte. Eine Zeit lang wohnte ich sogar mit auf dem Hof. Doch durch das viele Arbeiten wurde die Therapie ziemlich vernachlässigt, wobei die Gespräche mit Christoph beibehalten wurden.

Hier kam allerdings immer wieder die Angst in mir hoch. Er war erstens ein Mann, zweitens eine Autoritätsperson, und außerdem verliefen die Gespräche oft sehr hart und kosteten mich viel Energie. Die Angst, dass Christoph mir eines Tages zu nahe kommen könnte, saß mir tief in den Knochen. Damals wusste er noch nichts vom Missbrauch durch meinen Großvater, und die Erlebnisse mit meinem Erzieher im Heim kannte er auch nur bruchstückhaft.

Ich distanzierte mich stark von Christoph, litt aber gleichzeitig unter dem Graben zwischen uns. Häufig wies ich ihn grob von mir, was er kaum einzuordnen wusste. Christoph schloss daraus, dass ich mir einfach nicht helfen lassen wollte.

Allerdings wurde mir durch die Seelsorge-Gespräche zunehmend bewusst, dass es an der Zeit war, meinen Adoptiveltern ganz bewusst zu vergeben, sie aber gleichzeitig auch um Vergebung zu bitten für all die Schmerzen, die ich ihnen zugefügt hatte. Ich setzte mich eines Tages an meinen Schreibtisch und schrieb einen langen Brief, in dem ich sie um Vergebung bat.

Nachdem ich alles ablegen konnte, was ich meinen Eltern an Vorwürfen, Schuldzuweisungen und Enttäuschungen jahrelang nachgetragen hatte, spürte ich, dass sich in meinem Innern etwas veränderte. Ich wurde freier und erlebte viel mehr mit Gott als bisher. Ich erlebte sogar Gebetserhörungen, was mein Vertrauen zu Gott noch mehr stärkte.

Der Brief, den ich meinen Eltern mit der Bitte um Vergebung schrieb, fiel auf guten Boden, und sie schrieben mir einen lieben Brief zurück.

Ich hatte unter anderem Folgendes geschrieben:

Liebe Mami, lieber Papi,
nun bin ich ja schon eine recht lange Zeit in der Therapie. In den Gesprächen, die ich mit dem Leiter habe, konnten wir schon einiges besprechen – unter anderem auch meine Beziehung zu euch. Es kamen etliche Dinge zur Sprache, durch die ich euch damals sehr verletzte. Ich habe euch oft die Wahrheit verschwiegen oder sogar Geld gestohlen. Nun habe ich mein Leben Jesus übergeben und möchte einen neuen Start machen. Ich erlebte selbst, dass Gott mir alle meine Sünden, Fehler und Gemeinheiten vergeben hat. Jetzt möchte ich euch von Herzen um Vergebung bitten, dass ich euch verletzt und Dinge genommen habe, die nicht mir gehörten. Ich werde euch auch Geld überweisen, das den Betrag decken sollte, den ich früher einfach genommen habe. Ich hoffe, dass ich so dazu beitragen kann, dass wir unseren Kontakt wieder aufbauen können.

Kurze Zeit später schrieb meine Mutter zurück:

Liebe Melanie,
vielen Dank für deinen Brief. Es hat mich sehr gefreut zu hören, wie es dir geht und was du so machst. Ich wünsche mir auch, dass wir wieder mehr Kontakt haben könnten.

Wie wäre es mit einem Treffen zum Essen? Dann könnten wir auch über das Ganze reden. Ich habe mich sehr gefreut, etwas von dir zu hören. Auch für das Geld danke ich dir herzlich. Papi lässt ausrichten, dass er das Geld von dir auf die Seite legt, und wenn du es später für deine Ausbildung oder Hochzeit brauchst, gibt er es dir.

Als ich diesen Brief erhielt, hätte ich vor Freude die ganze Welt umarmen können. Von diesem Zeitpunkt an konnte zwischen meiner Mutter und mir etwas ganz Neues beginnen und wachsen. Endlich war ein Gespräch wieder möglich, und es kam sogar zu einer ersten Begegnung nach Jahren – voller Herzlichkeit und ohne Schuldzuweisungen. Mein Adoptivvater nahm allerdings nie Stellung zur Vergangenheit; auch nicht, als ich ihn persönlich darauf ansprach.

In der Therapie gab es bald einen Wechsel. Die Lebensschüler machten ihren Abschluss, und zwei Therapie-Teilnehmer hatten ihre Abschlussfeier. Zwei neue Teilnehmer begannen einen Drogenentzug. Bald war ich die Einzige, die eigentlich nicht mehr wegen Drogenproblemen da war.

Der Therapie-Alltag war genau geregelt. Wir hatten Abende, an denen Aussprache gehalten wurde, dazu feste Zeiten für Gesang und Gebet, und wir unternahmen vieles gemeinsam. Sonntags gingen wir zusammen in den Gottesdienst, in dem ich auch Dani und seine Familie wiedersah. Dass viele aus der Gemeinde nach mir fragten, sich nach meinem Befinden erkundigten und mir versprachen, für mich zu beten, tat mir gut.

Außerdem hatte ich mindestens einmal pro Woche ein seelsorgerliches Gespräch. Trotz dieses vollen Programms fühlte ich mich manchmal sehr einsam, da ich irgendwie das latente Gefühl hatte, nicht ganz ernst genommen zu werden. Damals machte man noch große

Unterschiede zwischen Menschen mit psychischen Schwierigkeiten und solchen mit Drogenproblemen. Andererseits musste ich auf die Therapeuten wie ein Buch mit sieben Siegeln wirken, da sie aus mir einfach nicht so ganz schlau wurden. Sicherlich lag das auch daran, dass ich Christoph die Sache mit meinem Großvater nie erzählt hatte.

Judith half mir in dieser Zeit sehr, indem sie mir immer wieder zu verstehen gab, wie wichtig ich ihr war. Unsere Beziehung wuchs und vertiefte sich zunehmend. Zum ersten Mal erlebte ich eine echte Freundschaft.

Langsam war es an der Zeit, sich Gedanken zu machen, welche Lehre ich beginnen wollte. Nach verschiedenen Schnuppertagen entschied ich mich für eine einjährige Lehre als Pflege-Assistentin in einem Pflegeheim. Die Arbeit dort gefiel mir sehr gut, ganz besonders der Umgang mit den alten Menschen, die ich schnell in mein Herz schloss. Auch in der Schule fühlte ich mich wohl, denn einerseits erlebte ich die Genugtuung, endlich einmal vom Schulstoff her mühelos mitzukommen, andererseits waren wir drei Christen in der Klasse. So konnten wir oft austauschen und speziell vor Prüfungen füreinander beten, was für mich immer ein eindrückliches Erlebnis war. Das Lernen machte mir jetzt viel Freude, und diese Lehre fiel mir im Gegensatz zu meinem ersten Versuch als Kleintier-Verkäuferin ziemlich leicht.

In den Therapiegesprächen mit Christoph begannen wir langsam, meinen Austritt vorzubereiten, da ich nun schon fast zwei Jahre hier war. Als wir in der Seelsorge noch einmal das Thema Vergebung ansprachen, hatte Christoph irgendwie das Gefühl, dass noch etwas Unausgesprochenes in meinem Leben war, wobei er aber nicht sagen konnte, was es war. Zu Beginn war ich sehr zurückhaltend, doch nach und nach wagte ich es, mich mehr darüber zu äußern.

Da es mir so schwer fiel, das Erlebte in Worte zu fassen und auszusprechen, entschied ich mich, Christoph einen Brief zu schreiben, in dem ich ihm berichtete, was ich durch meinen Großvater alles erlitten hatte. Es brauchte extrem viel, das Ganze noch einmal zu formulieren, und es war, als würde ich auch alles noch einmal erleben. Als wir dann zusammen über den Inhalt sprachen, konnte ich vor Gott Schritt für Schritt alle Verletzungen und traumatischen Erlebnisse ausbreiten und ablegen.

Ich entschied mich dazu, meinem Großvater zu vergeben. Ich wusste zwar, dass es noch ein weiter Weg sein würde, bis ich diesen brennenden Schmerz in meiner Seele ganz loswerden konnte. Ich wusste auch, dass die Heilung nur schrittweise vor sich gehen würde. Doch in dem Moment des Aufarbeitens wurde der Prozess der Heilung in Gang gesetzt.

Meine Lehre als Pflege-Assistentin schloss ich erfolgreich ab und feierte gleichzeitig den Abschluss der Therapie. Die Entlassungsfeier empfand ich als sehr schön, und ich durfte meine Freunde und Bekannten dazu einladen. Meine Freundin Judith, die mit mir nun schon einiges durchgestanden hatte, und auch Dani und Susanne waren dabei.

Meine Aussendungs-Verse aus der Bibel waren Joel 2,18–27: «Da erwacht im Herrn die brennende Liebe für sein Land und das Erbarmen mit seinem Volk. Er antwortet ihnen: ‹Verlaßt euch darauf: Ich gebe euch soviel Korn, Wein und Öl, daß ihr euch daran satt essen könnt. Ihr werdet den Völkern nicht zum Spott dienen. Denn ich rette euch vor dem Feind aus dem Norden. Seine Vorhut treibe ich ins Tote Meer und seine Nachhut ins

Mittelmeer; sein ganzes übriges Heer jage ich in die Wüste, wo es vernichtet wird. Die Leichen werden die Luft mit ihrem Gestank erfüllen. So bestrafe ich ihn für seine Prahlerei.

Ihr Felder, *habt keine Angst mehr*, freut euch und jubelt! Der Herr hat Großes getan!

Ihr Tiere auf freiem Feld, *habt keine Angst mehr*! Die Weiden in der Steppe sind wieder grün. Auch die Bäume tragen wieder Frucht; Feigenbaum und Weinstock bringen reichen Ertrag.

Ihr Bewohner des Zionsberges, *freut euch und jubelt* über den Herrn, euren Gott. *Er erweist euch seine Güte* und schickt euch Regen wie zuvor, Frühregen im Herbst und Spätregen im Frühjahr. Auf den Dreschplätzen häuft sich das Getreide, und in der Kelter laufen die Wannen über von Most und Öl.›

Der Herr sagt: ‹Ich habe mein großes Heer gegen euch geschickt. Aber *jetzt ersetze ich euch die Ernten*, die die Heuschreckenschwärme vernichtet haben. Ihr werdet euch richtig satt essen können. Dann werdet ihr mich, euren Gott, preisen, weil ich solche Wunder für euch getan habe. *Nie mehr* werden die anderen Völker über mein Volk spotten. Dann werdet ihr Leute von Israel erkennen, daß ich, der Herr, in eurer Mitte bin, daß ich euer Gott bin und sonst keiner. *Nie mehr überlasse ich mein Volk der Schande.*›»

Dieser Textabschnitt berührte mich sehr. Doch ich wusste damals noch nicht, was mich an Schmerz und Tiefschlägen noch alles erwarten sollte ...

14

Wo sind die richtigen Eltern?

Nachdem in der Therapie die Sache mit meinem Großvater ans Licht gekommen war, entschied Christoph,
dass ich von nun an bei einer Frau in die Seelsorge
gehen sollte. Diesen Entscheid fand ich ebenfalls gut,
und so sprach ich von nun an mit Ruth, bei der ich auch
wohnte. Im Nachhinein muss ich jedoch sagen, dass ich
besser zu einer externen Seelsorgerin hätte gehen sollen.
Es ist immer sehr schwierig, mit dem eigenen Therapeuten unter dem gleichen Dach zu wohnen.

Ich hatte ein möbliertes Zimmer und wohnte mit einer
anderen jungen Frau zusammen, die früher massive
Drogenprobleme gehabt hatte, bei Ruth und Felix in
der Außenwohngruppe.

Das Wohnen in der neuen «Familie» bedeutete für
mich eine echte Umstellung. Ich genoss es, dass wir nur
zu viert waren, denn dadurch war die Atmosphäre viel
ruhiger und ich erhielt mehr Raum, um selbst auch mal
zu Wort zu kommen. Ich genoss es zum Beispiel, beim
Abendessen ungezwungen von meinem Tag, von der
Arbeit und der Freizeit zu berichten.

Eines Tages fand ich einen Brief im Briefkasten, der
eine unbekannte Handschrift und einen unbekannten
Absender aufwies. Ob er wohl von meiner leiblichen
Mutter stammte? Noch im Therapiezentrum hatte ich,
nachdem ich zwanzig Jahre alt geworden war, einen
Antrag ans Jugendamt gestellt, dass ich gerne meine

leiblichen Eltern kennen lernen würde. Endlich hatte das Amt die Adresse ausfindig gemacht, sich mit meiner Mutter in Verbindung gesetzt und nachgefragt, ob sie damit einverstanden sei, mit mir Kontakt aufzunehmen. Kurz darauf teilte man mir mit, dass meine Mutter sich in den nächsten Tagen bei mir melden würde. Gespannt wartete ich auf ihre Antwort, rannte täglich als Erste zum Briefkasten, zuckte bei jedem Klingeln des Telefons zusammen und konnte fast nicht mehr schlafen. Ich war ganz durcheinander und aufgeregt, und man konnte kaum noch ein vernünftiges Gespräch mit mir führen, weil ich mit meinen Gedanken ganz woanders war.

Zitternd riss ich nun den Brief auf und las mit klopfendem Herzen: «Liebe Melanie, ich schreibe dir, aber ich weiß eigentlich nicht, was ich schreiben soll. Ich weiß nur, dass es mich überaus freut, dass ich dich, liebe Melanie, nach all den Jahren kennen lernen darf.»

Ich strahlte bis zu den Ohren. So viele Jahre lang hatte ich mir sehnlichst gewünscht, endlich meine leibliche Mutter sehen zu dürfen, und nun hielt ich einen persönlichen Brief von ihr in meiner Hand. Ich schrieb ihr postwendend zurück und fragte sie, ob und wann wir uns treffen könnten.

In der Zwischenzeit hatte ich mehrere Gespräche mit Ruth gehabt. Ich fragte sie immer wieder um Rat, was ich nun machen müsste, wie ich mich meiner Mutter gegenüber verhalten und wie ich ihr begegnen sollte. Ich war völlig aus dem Häuschen, wie ein kleines Kind, das kaum noch warten kann, bis es endlich Weihnachten ist. Auch bei der Arbeit spürten meine Kolleginnen, dass ich irgendwie anders war. Einzelnen erzählte ich dann, dass ich bald meine leibliche Mutter kennen lernen würde. Immer wieder beschäftigten mich dieselben Gedanken: Wie sieht sie wohl aus? Ob ich wohl viel Ähnlichkeit mit ihr habe?

Endlich war es dann so weit, und das erste Treffen mit meiner leiblichen Mutter stand vor der Türe. Wir verabredeten uns am Bahnhof in einem Außenviertel der Stadt. Meine Mutter hatte mir genau beschrieben, wie ihr Auto aussah und wo sie auf mich warten würde.

Als ich aus dem Zug stieg, klopfte mein Herz bis zum Hals. Der Weg vom Bahnsteig bis zu ihrem Auto kam mir wie eine Ewigkeit vor. Schließlich stand ich vor ihr. Wir schauten uns an, und dann brach sie das Schweigen, indem sie sagte: «Hallo, meine Tochter!»

Im ersten Moment wusste ich gar nicht, ob ich sie Mama oder Martina nennen sollte, doch ich entschied mich dann für Martina. Sie fuhr uns zu einem schönen Restaurant. Während ich mir immer noch krampfhaft Gedanken darüber machte, was ich sie denn fragen und was ich sagen sollte, begann sie mir verschiedene Fragen zu stellen. Ich erzählte ihr von meinen verschiedenen Heim-Aufenthalten, wie es mir so ging und was ich im Moment machte.

Zwischendurch musterte ich sie so gut und unauffällig, wie ich konnte. Sie war dünn und hatte lange schwarze Haare. Verglichen mit mir konnte ich nicht sagen, in welchem Bereich ich ihr ähnlich sah. Ich erzählte ihr viel von mir und betonte auch, wie lange ich auf diesen Augenblick gewartet und mich darauf gefreut hatte.

Nach dem Abendessen stiegen wir wieder ins Auto ein und fuhren an den See. Im Auto sagte sie mir: «Ich habe ganz speziell für dich noch ein Lied ausgesucht.» Sie drückte die Taste des Tapes und ließ das Lied eines bekannten Sängers abspielen. Dieses Lied berührte mich zutiefst, vor allem weil Martina es extra für mich ausgesucht hatte und jetzt für mich laufen ließ.

Als wir am See entlangspazierten, erzählte sie mir von der Yacht, die sie zusammen mit ihrem vorherigen Mann gehabt hatte, bevor dieser an Krebs starb. Zwischendurch musste ich mir wiederholt in den Arm zwicken, denn ich dachte: Das kann doch nicht sein, dass ich hier mit meiner leiblichen Mutter spazieren gehe!

Es kam mir vor wie im Traum. Doch ich genoss das Zusammensein mit ihr sehr. Zum Abschluss fuhren wir noch in eine Bar. Sie sagte, das sei «ihre Bar», wenn sie nachts arbeite. Sie fügte noch hinzu, sie würde mit ihrem jetzigen Mann zusammen als Selbständige Taxi fahren.

Es war sehr spät – wohl eher früh! –, als mich meine Mutter nach Hause fuhr. Für mich war es ein wunderschöner Abend gewesen. Beim Abschied vereinbarten wir, dass wir miteinander telefonieren würden. Müde, aber glücklich sank ich in mein Bett und durchlebte den Abend in Gedanken noch einmal.

Am anderen Morgen hatte ich frei, worüber ich sehr froh war. Da die Nacht so kurz gewesen war und am vorigen Abend so viele Eindrücke auf mich einströmen wollten, war ich sehr müde. Wenn ich an die Erzählungen meiner Mutter dachte, kam mir viel Elend entgegen. Doch gleichzeitig war ich froh darüber, endlich meine Wurzeln zu kennen – zumindest einen Teil davon.

Zwei bis drei Wochen lang hörte ich nichts mehr von meiner Mutter. Nach langem Überlegen entschloss ich mich, selbst bei ihr anzurufen. Beim Gespräch spürte ich allerdings, dass es ihr nicht gut ging. Sie sagte, dass ich sicher gespannt sei, wer mein Vater ist, und gab mir dann seine Telefonnummer. Ich könne mich ja mal bei ihm melden.

Es war ein sehr kurzes Telefongespräch gewesen. Ich versuchte, mir ihr «Kurz-angebunden-Sein» damit zu erklären, dass ihr Mann vielleicht etwas dagegen hatte, wenn wir weiterhin den Kontakt pflegten. So meldete ich mich für eine Zeit lang nicht mehr bei ihr.

In der Zwischenzeit erfuhr ich von Ruth, dass wir in das Haus gegenüber umziehen würden. Ruth erwartete ein

Kind, und so benötigte die Familie mehr Platz. Das Haus war sehr schön und groß und hatte sogar eine kleine Rasenfläche zu bieten. Ich freute mich sehr auf meine neuen vier Wände.

Auch bei der Arbeit gab es einen Wechsel, da ich auf eine andere Etage versetzt wurde, auf der es mir überhaupt nicht gefiel. Im Team gab es ständig Auseinandersetzungen, und alles musste haargenau nach einem vorgegebenen Schema ablaufen, wobei kaum noch Zeit für die Heimbewohner blieb. Es tat mir so weh, wenn ich die alten Menschen wie Objekte behandeln und jedes Mal ein schlechtes Gewissen haben musste, wenn ich mir «zu viel» Zeit für sie nahm.

Meine Arbeit war bald eine einzige Hetze vom Morgen bis zum Abend. Ich spielte zunehmend mit dem Gedanken, den Arbeitsplatz zu wechseln, weil die Arbeit für mich beinahe unerträglich wurde. Doch zuerst wollte ich meine seit langem geplanten Ferien in Skandinavien genießen und mich anschließend nach einer Stelle in einem anderen Pflegeheim umsehen. Ich war ferienreif und zählte schließlich nur noch die Tage, Stunden und Minuten.

Etwa zur gleichen Zeit verließ meine Mitbewohnerin die Wohngemeinschaft, um eine eigene Wohnung zu beziehen. Im neuen Haus hatte ich ein schönes Zimmer für mich allein. Bald zog aber wieder eine neue Person zu uns. Mit dieser verstand ich mich auf Anhieb bestens und war sogar froh, dass ich nun nicht mehr so allein war. Ich wechselte tatsächlich bald darauf die Stelle und arbeitete nun in einem Pflegeheim in einer anderen Stadt. Hier gefiel es mir viel besser, und ich lebte mich schnell in das Team ein.

Einmal pro Woche hatte ich mit Ruth ein seelsorgerliches Gespräch. Zu Beginn konzentrierten wir uns auf ein bestimmtes Ziel, das ich gerne erreichen wollte, und wir setzten Schwerpunkte, um es auch tatsächlich zu erlangen. Ich wollte noch selbständiger und konfliktfähiger werden und insbesondere mein Frausein entdecken.

Während dieser Wochen hatte ich eine schwierige Phase. Ich fragte mich ständig, wo eigentlich mein Zuhause war. Wo gehörte ich wirklich hin? Ich war wieder so ruhelos, dass ich immer wieder neue Ideen entwickelte und ein gedankliches Auf und Ab durchlebte. Ich spielte teilweise sogar mit dem Gedanken, wieder in meine Heimatstadt zurückzukehren. Nirgends fühlte ich mich so richtig verwurzelt.

Auch in der jetzigen Wohngemeinschaft konnte ich mich nicht so richtig einleben und sie schon gar nicht mein Zuhause nennen. Es war, als wenn die Worte «Zuhause», «Heimat» und «Daheim» in meinem Herzen überhaupt nicht existieren würden. In der Seelsorge kreisten wir oft um dieses Thema, das bald auch zum Streitpunkt wurde. Ruth konnte einfach nicht verstehen und nachvollziehen, dass ich damit solche Mühe hatte. Mir wiederum tat es weh, auf Unverständnis zu stoßen. Ich rang um Formulierungen, fand aber oft keine passenden Worte, um das Problem zu beschreiben. Ich war regelrecht sprachlos.

Aus meiner Hilflosigkeit heraus blockte ich ab und fiel in mein altes Verhaltensmuster zurück, in welchem ich mich bereits früher in meiner Adoptivfamilie als absoluter «Profi» erwiesen hatte: schweigen, schweigen und nochmals schweigen. In dieser Zeit erinnerte Ruth mich stark an meine Adoptivmutter. Beide verloren schnell die Geduld mit mir und konnten sehr wütend werden. Die Situation wurde von Tag zu Tag schwieriger.

Durch die Wüste,
voll bepackt,
von einem Ort zum andern,
einmal hier, einmal dort,
viele Gebiete durchwandert;

Suche nach Geborgenheit,
Sehnsucht nach Sicherheit,
und doch die Qual der Ungewissheit.
Die Frage bohrt:
Wo ist mein Ort?
Wo ist das Ende
meines Nomadenlebens?

Kaum das Zelt aufgeschlagen,
kaum eingelebt
und Gewohnheit erlebt,
treibt es mich weiter.

Wie lange noch?
Wann habe ich meine Heimat gefunden?
Wo ist der Platz,
an dem ich mich wohl fühlen kann,
an dem der tiefe Friede in mein Herz einzieht?
Wo sind die Quellen der Stille?
Wo ist die Oase der Ruhe?
Der Durst nach dieser Erfrischung
lässt mich weitersuchen.

Eines Abends nahm ich den Zettel mit der Telefonnummer von meinem leiblichen Vater hervor. Mit klopfendem Herzen wählte ich seine Nummer und wartete gespannt, wer sich am anderen Ende der Leitung melden würde. «Ja?» hörte ich eine tiefe Stimme sagen.

«Hier ist Melanie!»

Einen Moment lang war es ruhig am anderen Ende, dann fragte mein Gesprächspartner: «Ähm, bist du es, Melanie, meine Tochter?»

«Ja, ich bin es!» Ich erzählte Vater, dass ich mit Martina Kontakt gehabt und seine Telefonnummer von ihr erhalten hatte; ein Umstand, der ihn sehr überraschte. Wir verabredeten uns für die nächste Woche. Er wollte mich abholen. Dann legten wir auf. Wieder war ich ein einziges Nervenbündel und wahnsinnig aufgeregt. Nun sollte ich endlich auch meinen leiblichen Vater kennen lernen! Tausend Gedanken und Fragen gingen mir durch den Kopf: Wie sieht er wohl aus? Wie lebt er? ...

Bald kam der Abend, an dem ich meinen leiblichen Vater treffen sollte. Er wollte mich persönlich abholen und mit mir gemütlich essen gehen. Ich hatte richtige Schmetterlinge in meinem Bauch und sah immer wieder ungeduldig auf die Uhr. Die Stunden schienen heute viel langsamer zu verstreichen als sonst. Da ich es nicht mehr länger aushielt, ging ich viel zu früh nach draußen und wartete dort auf ihn. Endlich fuhr ein roter Wagen vor, in dem tatsächlich mein Vater saß. Ich näherte mich, er stieg aus und begrüßte mich herzlich. Er hatte mir sogar einen Blumenstrauß mitgebracht.

Nachdem ich in sein Auto gestiegen war und wir losfuhren, beobachtete ich meinen Vater immer wieder von der Seite: wie er schaltete, wie er sich bewegte und wie er sich äußerte. Ich glaube, wir waren beide ziemlich aufgeregt, denn keiner von uns wusste so recht, was er nach all den Jahren sagen sollte. Ja, was sagt man, wenn man seinen Vater zum ersten Mal im Leben ganz bewusst sieht? Ich selbst hatte in mir keine Erinnerung an ihn. Ich hatte ihn nie bewusst gesehen, sein Bild war meinem Gedächtnis nicht eingeprägt.

Während ich so grübelte, brach mein Vater das Schweigen und erzählte, wie ich als Säugling gewesen war und wie er die Zeit mit mir erlebt hatte. Ich sah ihm sehr ähnlich: Ich hatte dieselbe Nase und die gleichen, schönen, braunen Kugelaugen. Ich war gespannt, was ich sonst noch alles entdecken würde.

Endlich hatte ich einen Vater – meinen eigenen echten Vater! In meiner ganzen Kinder- und Jugendzeit hatte ich mich so sehr nach einem Papi gesehnt, der nach mir fragte und dem ich wichtig war. Zu meinem Adoptivvater hatte ich ja nie eine richtige Beziehung aufbauen können. Ich wünschte mir einen Vater, den ich bewundern und auf den ich stolz sein konnte; einen Vater, der durch dick und dünn an mich glaubte. Mit solchen Gefühlen saß ich nun diesem Vater – so jedenfalls meine Vorstellung – gegenüber.

Wir gingen in ein schönes Restaurant und machten es uns bei einem guten Essen und etwas Wein gemütlich. Ich erzählte ihm von mir und meiner Arbeit, um ihn anschließend nach seinem Leben und Alltag zu fragen. Er sagte, er hätte eine Freundin und einen kleinen Sohn, lebe aber gleichzeitig getrennt von einer anderen Frau, mit der er auch ein Kind hatte. Es wäre eben alles ein wenig kompliziert, doch ich würde das nach einiger Zeit sicher verstehen. Dann wollte er wissen, wie ich aufgewachsen war und was ich in den letzten Jahren alles erlebt hatte. Ich erzählte ihm ein paar Dinge und genoss es einfach, mit ihm zusammen zu sein. «Er hat eine ruhige, verständnisvolle Art. Wie ein Vater eben!» musste ich immer wieder denken.

Nach dem Essen gingen wir noch in einem Tierpark spazieren. Wir alberten herum und hatten einfach eine lustige Zeit zusammen. So ausgelassen war ich schon lange nicht mehr gewesen. Ich war voll von neuen Eindrücken, als mein Vater mich schließlich nach Hause fuhr. Wir verblieben so, dass wir in Zukunft mehr Zeit miteinander verbringen wollten, um uns noch besser kennen zu lernen.

Ziemlich aufgewühlt ging ich nach diesem aufregenden Abend in mein Bett. Endlich hatte ich meinen Vater gefunden und sogar getroffen. Sicherlich würde es jetzt in mir drin ein wenig ruhiger werden. Ich schlief glücklich ein und träumte von meinem Vater, meinem *richtigen* Vater.

Im Lauf der Zeit lernte ich seine Freundin und auch meinen Halbbruder kennen. Ja, die ganze Familien-Situation war in der Tat recht kompliziert, doch die Hauptsache war für mich, endlich meinen Vater kennen zu dürfen. Je mehr Kontakt ich zu ihm hatte, umso mehr machte es mir Mühe, noch länger in der Wohngemeinschaft zu wohnen. Hier zog ich mich zunehmend zurück und hatte verstärkt das Gefühl, dass mich niemand richtig verstand. Am liebsten wäre ich ausgezogen – warum nicht sogar zu meinem Vater?

Wieder einmal lud mein Vater mich zum Nachtessen ein. Er hatte ziemlich viel Wein getrunken, was mir nicht so ganz geheuer war. Immer wenn ich ihn nach seiner Arbeit fragte und wissen wollte, was er denn genau machte, versuchte er auszuweichen. Er antwortete immer nur flüchtig, so dass mein ungutes Gefühl verstärkt wurde. Ich wusste aus seinen Erzählungen, dass er aufgrund verschiedener Delikte schon einmal im Gefängnis gewesen war.

Auf der Heimfahrt hielten wir noch auf einem Autobahn-Parkplatz, wobei ich mir dachte, dass wir vielleicht noch einen Kaffee trinken würden, wie wir es schon oft getan hatten. Mein Vater sah mich an und sagte, es mache ihm ziemlich Mühe, dass ich schon erwachsen sei. Als er mich das letzte Mal gesehen habe, sei ich knapp zwei Jahre alt gewesen. Dann löste er seinen Sicherheitsgurt, verschloss das Auto von innen und befahl mir, meine Hosen auszuziehen ...

Ich war völlig schockiert und wusste erst nicht, wie ich reagieren sollte. «Hör auf, du hast zu viel getrunken. Du weißt ja nicht, was du sagst! Ich bin deine Tochter, verstehst du nicht? Ich bin deine Tochter!» Er sagte nochmals: «Los, mach schon!»

Mir blieb kaum Zeit, um zu überlegen, was ich tun sollte. Die Türen waren verriegelt, ich hatte keine Chance. Als er schon fast über mir war, gab ich ihm eine Ohrfeige und prügelte auf ihn ein, wobei ich selbst erstaunt war über meinen Widerstand. Doch seine Reaktion darauf überraschte, ja schockierte mich noch viel mehr, denn er packte mich und hielt mich so fest, dass ich fast keine Luft mehr bekam.

Ich war furchtbar erschrocken, und die Gedanken wirbelten mir nur so durch den Kopf: Hatte ich mich in ihm getäuscht? Ich glaube, in diesem Moment zerbrach das ganze rosarote Bild von meinem Vater, das ich in den Wochen zuvor noch ausgemalt und verschönert hatte, in tausend Stücke.

Ich wehrte mich nicht mehr, als er gewaltsam in mich eindrang. Nachdem alles vorbei war, fuhr er mich nach Hause. Rasch stieg ich aus. Es war das letzte Mal, dass ich ihn sah. Nie mehr erhielt ich einen Anruf oder einen Brief von ihm.

Nach diesem schrecklichen Vorfall sank ich in ein grauenhaftes Loch. Ich war so verletzt und enttäuscht. Ich hatte mich von meinem leiblichen Vater abhängig gemacht und alle Hoffnungen auf ihn gesetzt, während ich Gott immer mehr auf die Seite geschoben und aus meinem Gedächtnis verbannt hatte. Nun waren meine Träume in einem einzigen Moment wie ein Kartenhaus in sich zusammengefallen. Und obwohl ich unbedingt jemanden zum Reden gebraucht hätte, wollte ich doch meiner Seelsorgerin Ruth auf keinen Fall von diesem für mich so demütigenden Ereignis erzählen.

Seifenblasen
Bunt schillernde, glänzende, kristallene Kugeln
schweben, fliegen, tanzen in der Luft,
lassen sich vom Wind treiben,
schaukeln hin und her,
schön zu betrachten –

ein Spiel, dem man endlos zuschauen könnte.
Doch wo sind sie geblieben?

Zerplatzt, zerstört, verschwunden –
von einem Augenblick zum andern
nicht mehr da –
aus, vorbei mit dem Glanz und der Schönheit,
verwandelt zum Nichts.

Wie schön waren meine Träume,
wie bunt hatte ich sie verziert,
geschmackvoll dekoriert,
ganze Luftschlösser gebaut –
und war darin davongeschwebt.

Doch der Traum wurde nie Wirklichkeit.
Sobald ich nach ihm greifen wollte,
um ihn festzuhalten,
zerplatzte er wie eine Seifenblase.
Aus der Traum – vorbei.
Die Ernüchterung kam allzu schnell.

Ich falle –
lande auf dem harten Boden der Tatsachen.
Es tut so weh!

Dieses Erlebnis drängte ich so gut wie möglich in den Hintergrund. Ich versuchte alles Mögliche, nur um nicht daran denken zu müssen. Weil ich jedoch keinem Menschen ein Sterbenswörtchen davon verriet, fraßen mich die seelischen Verletzungen und Schmerzen fast auf. Ich war innerlich wieder so umhergetrieben und unruhig, dass es mich fast zerriss.

Bei der Arbeit war ich unkonzentriert und wurde mehrfach in das Büro der Pflegedienst-Leitung gerufen. Dort war man zwar sehr verständnisvoll, doch wurde mir ans Herz gelegt, meine persönlichen Probleme möglichst zu Hause zu lassen und Privates im privaten Rahmen zu lösen. Ja, das war leichter gesagt als getan. Andererseits half mir der Arbeitsplatz auch beim Verdrängen, denn hier wurde ich gebraucht, und bei den alten Menschen konnte ich aufblühen. Sie brauchten mich, sie hatten mich gern und ließen mich das auch vermehrt spüren. Ich liebte meine Arbeit sehr und blieb manchmal sogar länger auf Station als nötig – ehrlich gesagt auch, um der Situation in der Wohngemeinschaft zu entkommen. Ich hielt es fast nicht mehr aus.

Doch auch für Ruth und Felix waren die Spannungen unerträglich. Zu der Zeit war ich nämlich auch noch sehr eifersüchtig auf die neue Mitbewohnerin, weil sie sich im Gegensatz zu mir prima mit den beiden verstand, während ich ständig neues Konfliktpotential lieferte. Nun kamen in mir die gleichen Gefühle hoch wie damals, als meine Pflegeschwester Karin zu uns gekommen war und sich die ganze Familie plötzlich nur noch um sie drehte. Meine Wohnkollegin war das pure Gegenteil von mir. Sie war lieb, anpassungsfähig und redegewandt, während ich nach wie vor sehr trotzig und rebellisch sein konnte und immer noch um Formulierungen ringen musste.

15

Wie Ketten an mir

Die nächsten Jahre waren für mich ein gefühlsmäßiges, berufliches und auch körperliches Auf und Ab. Durch meinen vorgeschwächten Wirbel seit dem Unfall im Beobachtungsheim und durch die starke Anstrengung beim Heben im Pflegeheim zog ich mir einen Bandscheibenschaden zu, der operiert werden musste. Der Hausarzt riet mir davon ab, wieder in den Pflegeberuf zurückzukehren, weil dies eine zu große Belastung für die Wirbelsäule darstellte.

Für mich war diese Nachricht wie ein Schlag ins Gesicht, weil ich die Arbeit mit den alten Leuten wirklich liebte und gerne als Pflege-Assistentin arbeitete. Was sollte ich jetzt tun? Erst vor einem halben Jahr hatte ich die Ausbildung mit einem «sehr gut» abgeschlossen. Sollte das alles gewesen sein?

Nach der Operation verbrachte ich die nächsten zwei Monate fast nur im Bett, wo ich viel Zeit zum Nachdenken hatte. Es war eine schlimme Zeit, weil es mir nach wie vor schwer fiel, ruhig gestellt zu sein. Jetzt konnte ich mich nicht mehr in Aktivismus flüchten, sondern wurde zunehmend mit mir selbst konfrontiert.

Die Erinnerungen der letzten Monate überrollten mich von neuem. Quälende Schuldfragen plagten mich Tag und Nacht, und in dieser Krankheitsphase spürte ich besonders, wie wenig Freunde ich im Grunde hatte. Diese Erkenntnis war sehr schmerzhaft, und gleichzeitig war ich völlig hilflos, weil ich nicht wusste, wie ich daran etwas ändern konnte. Ich kannte zwar viele Menschen aus der Gemeinde, doch hatte ich unter der Woche mit kaum jemandem Kontakt.

Judith, meine beste Freundin, besuchte gerade eine Art Lebensschule, so dass wir nur schriftlich miteinander kommunizieren konnten. Ich fühlte mich einsam. Im Therapiezentrum war neben der Arbeit und dem Programm kaum Zeit geblieben, Freundschaften aufzubauen, geschweige denn zu pflegen. Die Leute, die ich von der Therapie her kannte, meldeten sich immer seltener, und ich hatte das Gefühl, dass sie keinen Kontakt mehr zu mir wollten. Ruth, meine Seelsorgerin, bezeichnete mich zwar als «Freundin» bzw. wollte mir ganz bestimmt eine Freundin sein, doch ich empfand sie in ihrem Verhalten mir gegenüber eher als «therapeutische Chefin», die über mir stand und mich bevormundete. Weil sie mich dadurch häufig verletzte, konnte ich ihr nicht glauben, wenn sie behauptete, mich gern zu haben.

In diesen schwierigen Wochen bat ich Gott wiederholt um Vergebung dafür, dass ich mich von meinem leiblichen Vater so abhängig gemacht hatte, während ich ihn immer mehr in den Hintergrund gedrängt hatte. Ich wollte Gott wieder in den Mittelpunkt meines Lebens stellen und ihn an mir arbeiten lassen.

Als es mir besser ging, musste ich mich um eine neue Stelle bemühen. Schon bald ergab sich für mich die Möglichkeit, in einem großen Einkaufszentrum zu beginnen, was mir allerdings lange nicht so viel Freude machte wie meine bisherige Arbeit im Pflegeheim. Die Hauptsache war aber erst einmal, dass ich überhaupt eine Stelle hatte. Ich konnte ja jederzeit weitersuchen.

Eines Tages machte mich eine Kollegin auf eine Schule für Gemeindemitarbeit aufmerksam. Es handelte sich um eine Abendschule, bei der man einmal pro Woche über zwei Jahre hinweg Unterricht hatte. Ich bewarb mich und erhielt schon bald die Aufnahmebestätigung.

Ich freute mich sehr darauf, auch weil es eine neue Chance für mich bedeutete, andere Menschen kennen zu lernen und das Gelernte dann vielleicht sogar in der Gemeinde anwenden zu können.

Wir waren eine bunt zusammengewürfelte Schar von zwölf Leuten, die alle einen anderen Gemeinde- und Lebenshintergrund hatten. Jeder Teilnehmer sollte an einem Abend ein kurzes Referat halten. Ich musste mich zwar intensiv darauf vorbereiten, spürte aber trotz Lampenfieber, dass ich gerne vor Leuten stand und sprach. Ich bekam auch ein positives Feedback. Meine Stimme und meine Art, etwas vorzutragen, seien sehr gut. Dieses Lob ermutigte mich, und es half mir auch, zunehmend freier und ungezwungener zu werden.

Neben dieser Erfahrung wurde ich in der Schule für Gemeindemitarbeit auch im Glauben gestärkt. Es war, als würde ich Gott nochmals ganz neu kennen lernen. Vieles, das ich vorher zwar gewusst hatte, das aber im Kopf hängen geblieben war, rutschte nun auch in mein Herz und schlug dort Wurzeln.

In der Wohngruppe änderte sich dagegen leider nicht viel, im Gegenteil. Bald waren die Fronten so verhärtet, dass ich mit Ruth kein klärendes Gespräch mehr führen konnte. Ich entschloss mich endgültig dazu, mir eine eigene Wohnung zu suchen, und fand bald eine in der nahegelegenen Stadt. Wir hatten zwar früher schon einmal über meinen baldigen Auszug gesprochen, doch als ich Ruth und Felix vor vollendete Tatsachen stellte, ging es ihnen doch ein bisschen zu schnell.

Mich hielt nichts mehr an diesem Ort. Ich wollte endlich dem Einflussbereich von Ruth entkommen. Meines Erachtens übte sie aufgrund der Informationen, die sie von meinen vorherigen Bezugspersonen und durch meine Akte hatte, Macht über mich aus und versuchte immer wieder, mich damit unter Druck zu setzen. Ich wollte endlich selbständig leben, ohne dass mir immer andere in mein Leben hineinredeten.

Zugegebenermaßen war es auch Flucht. Doch diesen Gedanken verdrängte ich meisterhaft.

Die Konsequenz meiner Entscheidung war, dass ich schließlich ohne jede Hilfe umziehen musste. Ich war wieder einmal sehr verletzt und fühlte mich fallen gelassen. Doch nachdem der ganze Umzug gut überstanden war, fühlte ich mich in der neuen Wohnung recht wohl, und die Freude auf den nächsten Lebensabschnitt überwog.

Obwohl ich in den vergangenen Jahren sowohl während meiner Therapie als auch in der Wohngemeinschaft vieles hatte aufarbeiten können, spürte ich trotzdem, dass immer noch etwas wie eine Kette an mir hing. Durch das jahrelange Verdrängen war es für mich sehr schwierig geworden, die Schmerzen und die Wahrheit an die Oberfläche dringen zu lassen. Verschiedene Themen der Mitarbeiter-Schulung führten schrittweise dazu, dass die ganzen Verletzungen und Schmerzen, die Wut und die Ohnmacht über den sexuellen Missbrauch durch meinen Großvater, durch den Erzieher und durch meinen leiblichen Vater langsam aber sicher aufbrachen. Es war, als wenn Gott mir einen Spiegel vor die Nase halten würde. Auf einmal konnte ich klar sehen: Ich erkannte meine Reaktionen, mein rebellisches Verhalten Autoritätspersonen gegenüber und den Umgang mit mir selbst. Mit einem Schlag wurden mir die Augen geöffnet für die riesige Mauer, die ich mir aufgebaut hatte, um überleben zu können.

Als die Erinnerungen an den Missbrauch wieder hochkamen, wunderte ich mich zuerst, weil ich dachte, die Sache mit meinem Großvater schon damals in der Therapie abgelegt und verarbeitet zu haben. Doch hatte ich das wirklich getan? Erst als sich damals mein Aufenthalt im Therapiezentrum dem Ende genähert hatte, hatte ich das «Geheimnis» gelüftet, so dass nur noch wenig Zeit für eine gründliche Therapie geblieben war. Was ich erlebt hatte, war eine Art Oberflächen-Therapie, doch in der Tiefe hatte es weiter geeitert und geblutet. Ja, ich hatte meinem Großvater damals vergeben. Keine Frage. Doch war ich mir in jenem Moment keineswegs bewusst gewesen, dass dies erst der Anfang war: der Beginn eines langen Heilungsprozesses.

Der Missbrauch hatte mein Leben im negativen Sinn verändert und geprägt. Hier lag der Knackpunkt, dass ich mich so verhielt, wie ich es immer tat. Alles war Schutz und Berechnung, um nicht neu verletzt oder missbraucht zu werden. Und wenn mir doch jemand zu nahe kam, ergriff ich die Flucht ...

Ich merkte, dass ich hier noch viel Heilung nötig hatte: Heilung meiner Erinnerungen, Heilung meines Männer- und Frauenbildes, aber auch Heilung von meiner Opfer- rolle. Ich musste meine eigenen Grenzen kennen lernen und einüben, diese Grenzen auch zu setzen.

Das alles überrollte mich wie eine riesige Welle. Doch trotz des Aufbrechens der Wunden spürte ich gleich- zeitig, dass sich doch auch etwas in mir verändert hatte, denn ich wurde zunehmend fähiger, in unserer Ge- meinde Beziehungen aufzubauen. Und ich fühlte mich mehr und mehr gebraucht. Ich entdeckte meine Gaben und Fähigkeiten und konnte sie in meinem Umfeld wie auch in der Gemeinde einbringen. Das ermutigte mich, und ich konnte mich zunehmend anderen gegenüber öffnen.

Diese Veränderung wirkte sich auch positiv auf meine langjährige Freundschaft mit Judith aus, denn es kam nun zu einem Geben und Nehmen. Judith brachte mir nach wie vor viel Liebe und Verständnis entgegen, und ich wusste, dass ich ihr vertrauen konnte. Durch sie fiel es mir auch leichter, Gott zu vertrauen, denn sie war mir mit ihrem kindlichen Glauben ein echtes Vorbild. Manchmal hatte ich Angst, Judith mit meinen schwierigen Problemen und meinen eingefleischten Verhaltensmustern zu überfordern. Doch sie war einfach für mich da und zeigte mir, wie gern sie mich mochte. Es fiel mir oft noch schwer, ihre Nähe zuzulassen. Doch ich wurde auch hier Stück für Stück freier.

Da ich mich bei meiner Arbeitsstelle unterfordert fühlte, sehnte ich mich bald zurück in den Pflegeberuf. Ich vermisste den Kontakt zu den alten Menschen und wünschte mir, mehr gefordert zu werden. Leider zeigte sich kein Weg für mich, wieder in der Pflege arbeiten zu können, und ich sah bald keine Chance mehr, eine andere Arbeit zu beginnen. Bei all den Berufen, die ich mir hätte vorstellen können, erwies sich mein Rücken als Hindernis, so dass mir nichts anderes übrig blieb, als bei meiner Stelle als Verkäuferin zu bleiben.

Meine chaotischen Gefühle, die Unzufriedenheit am Arbeitsplatz sowie der riesige Schuldenberg aus meiner Drogenzeit, der immer noch nicht abgezahlt war, brachten mich erneut in eine große Krise. Gleichzeitig erhielt ich die Kündigung meiner Wohnung, weil die Vermieterin in einer Notlage steckte. Ich sehnte mich so danach, endlich an den Ort zu kommen, an dem ich mich hundertprozentig zu Hause fühlte – ohne Angst haben zu müssen, nach ein paar Monaten alles wieder zu verlieren.

Das Aufbrechen meiner Verletzungen überforderte mich zusehends, doch ich wusste nicht so recht, an wen ich mich in dieser Situation wenden konnte. Andererseits wollte ich unbedingt geheilt werden und sehnte mich nach Veränderung.

Die nächsten zwei Jahre waren für mich eine wirre Zeit, und auch gefühlsmäßig durchlebte ich Berg- und Talfahrten. Meine Depressionen hielten noch immer an. Ich war häufig müde und erschöpft, meine Stimmung war meist getrübt.

Noch immer war ich in meinen alten Mustern gefangen. Und da ich mich selbst nicht von außen beobachten konnte, hatte ich irgendwie das subjektive Gefühl, dass sich einfach nichts änderte. Ich schrieb weiterhin in mein Tagebuch und notierte darin offen meine Gefühle und Gedanken, Ängste und Hoffnungen.

Noch immer war ich ruhe- und heimatlos. Ich war traurig darüber, dass ich einfach den Platz nicht fand, an dem ich mich zu Hause fühlen konnte. Von Geburt an fehlte mir dieses Gefühl der Geborgenheit und des Urvertrauens. Ich sehnte mich nach tiefem inneren Frieden, doch die Realität zeigte mir, dass ich nur selten zum Aufatmen kam.

Mein inneres Chaos drückte sich auch vermehrt in einer äußeren Unordnung aus. Seit ich meine Arbeit im Pflegeheim hatte aufgeben müssen, war ich ununterbrochen auf der Suche nach einer Arbeit, die mich erfüllte. Ich begann mit weiteren Ausbildungen und Jobs, nur um sie jeweils nach ein paar Monaten wieder abzubrechen. Ich arbeitete in einer Bäckerei, in einer Kinderkrippe, in verschiedenen Großfamilien und sogar in einem Kinderheim.

Was die Seelsorge betraf, so war es auch hier nicht anders. Nachdem ich nicht mehr zu Ruth ging, suchte und fand ich für die Gespräche eine andere Frau, die zwar viel besser zuhören konnte, die aber das Thema Sexualität auf eine für mich seltsame Art und Weise behandelte. Sie unternahm mit mir verschiedene gedankliche «Ausflüge in die Vergangenheit», bei denen ich mir heute nicht mehr so sicher bin, ob auch alles der Wahrheit entsprach. Andererseits muss ich sagen, dass ich im Bereich der Vergebung einen Schritt weiterkam, da ich endlich auch den Missbrauch durch Markus an

Gott abgeben und mit viel Hängen und Würgen vergeben konnte.

Auch an der Beziehung zu meiner Adoptivmutter konnte ich arbeiten, und die negativen Erlebnisse, die ich mit ihr gemacht hatte, konnte ich in einem neuen Licht sehen. Den Schmerz dieser so verletzten und zerstörten Beziehung an Gott abzugeben, war für mich ein schwerer, aber wichtiger Schritt, da ich ja immer noch unter der Distanz litt, die meine Eltern zu mir aufgebaut hatten.

Als ich mich eines Tages mit meiner Adoptivmutter zum Essen traf, fasste ich allen Mut zusammen und sprach sie noch einmal auf die Sache mit Großvater an. Ich erzählte ihr diesmal auch den Missbrauch durch den Erzieher im Heim. Ich bestätigte ihr, dass ich niemanden beschuldigen oder schlecht darstellen wollte.

Sie hörte mir zu und sagte dann, sie müsse die ganze Geschichte nochmals überdenken. Ich schätzte es sehr, dass sie sich damit auseinander setzen wollte. Für mich bedeutete diese Bereitschaft einen enormen Fortschritt. Seither sind wir allerdings nicht mehr auf dieses Thema zu sprechen gekommen, was für mich immer wieder ein Loslassen und Abgeben an Gott bedeutet.

Leider ging in dieser Zeit durch verschiedene Missverständnisse auch die Beziehung zu Judith auseinander. Vielleicht lag es daran, dass ich mit ihr eine Zeit lang am gleichen Ort arbeitete. Sie war dort eine Art Vorgesetzte für mich und hatte mir zu sagen, was ich tun sollte. Möglicherweise waren wir beide mit dieser Situation überfordert. Es machte mir jedoch sehr zu schaffen. Dieses Ende war ein harter Schlag für mich, da wir schon sehr lange Kontakt hatten und ich nie auf die Idee gekommen wäre, dass diese Beziehung jemals auseinander brechen könnte.

Ein weiterer Punkt, der mir sehr zu denken gab, war meine Distanz zu Männern, während ich mich zu Frauen fast zu stark hingezogen fühlte. Seltsame Gefühle konnten mich jederzeit überfallen, wenn ich eine Frau auf der Straße sah. Ja, sogar im Gottesdienst war ich vor meinen Empfindungen nicht sicher, was mich natürlich sehr durcheinander brachte.

Schon jahrelang stellte ich diese Gefühle bei mir fest, ich konnte sie aber nicht einordnen. Immer wieder suchte ich auch die körperliche Nähe zu Frauen. Ich wollte zwar nicht unbedingt eine Beziehung zu ihnen aufbauen, sehnte mich aber doch sehr danach, mich anlehnen zu können. Ich suchte nach einer Mutterfigur, nach tiefer Geborgenheit, Nähe und Wärme. Zutiefst in meinem Herzen wünschte ich mir ja eigentlich, mich wie eine Frau geben zu können. Aber was ich selbst nicht hatte und nicht sein konnte, das suchte ich unbewusst bei anderen, besonders bei sehr weiblich wirkenden Frauen.

Kam diese Anziehungskraft daher, dass ich schon oft in eine Abhängigkeit zu Frauen geraten war? In ruhigen Momenten kam sogar die ängstliche Frage in mir hoch: Bin ich vielleicht lesbisch? Diese Befürchtung quälte mich wochenlang.

In der Schule für Gemeindemitarbeit hatten wir auch eine Psychologin namens Beatrix als Referentin, die uns einen Kommunikationskurs gab. Ich fühlte mich persönlich sehr angesprochen und ermutigt, über meine Sorgen zu reden. Eines Abends fasste ich den Entschluss, ihr einen Brief zu schreiben, in dem ich mein Problem und meine Ängste bezüglich meines Hingezogenseins zu Frauen schilderte.

Ein paar Wochen später lud mich Beatrix für ein Gespräch zu sich ein, bei dem ganz neue Fragen aufgeworfen wurden: Bin ich normal in Bezug auf meine Sexualität? Leide ich möglicherweise unter einem «Mutter-Manko»? Oder ist es vor allem die Angst davor, mit einem Mann intim zu werden, dass ich mich lieber zu Frauen halte? Habe ich Angst vor sexueller Nähe?

Diese Fragen gaben viel Stoff zum Nachdenken. Ich ging von nun an regelmäßig zu Beatrix in die Therapie, weil ich mich hier im Vergleich zu den anderen Seelsorgerinnen am wohlsten und freiesten fühlte. Außerdem war sie die erste Person vom Fach, bei der ich nicht das Gefühl hatte, bevormundet zu werden oder ein paar Meter unter ihr zu stehen.

Schön war für mich auch, nicht nur durch die Therapie eine Beziehung zu ihr zu haben, sondern auch privat. Bisher war es immer so gewesen, dass eine Beziehung zerbrach bzw. die Seelsorgegespräche sehr mühsam wurden, wenn ich entweder auf zu engem Raum mit der Seelsorgerin wohnte oder darüber hinaus noch eine private, freundschaftliche Beziehung zu ihr hatte. Mir tat es gut, Beatrix auch außerhalb der Therapie zu erleben und kennen zu lernen. In der Therapie sprachen wir nach einigen Sitzungen das Thema Missbrauch an, obwohl ich eigentlich nicht vorhatte, mich in diesem Bereich erneut verletzbar zu machen und mich einer weiteren Person auszusetzen ...

16

Trauerarbeit ohne Manipulation

Bisher hatte es mir immer viel Mühe bereitet, wenn andere Personen Informationen oder Akten von Dritten über mich übernahmen, denn jeder fügte dann seine eigene Sicht von mir auch noch hinzu. Die nächste Bezugsperson, Therapeutin oder Seelsorgerin wurde dadurch von einem bestimmten Vorwissen, von Vorurteilen und Voreingenommenheiten beeinflusst und sprach dann auch mit diesem Wissen im Hinterkopf zu mir. So fühlte ich mich von meinen Gegenübern regelmäßig manipuliert, wenn sie mit ihrer «Weisheit» auf mich zukamen und mir Vorschriften machen wollten, was ich zu tun oder zu denken hätte. Oder wenn sie analysieren wollten, wo mein Problem lag, während sie im Grunde genommen keine Ahnung hatten, da sie mich selbst ja nie nach der Wahrheit fragten, geschweige denn meine eigene Sicht der Dinge hören wollten.

Mir tat es darum auch gut, nach der schwierigen Beziehung zu Ruth und dem Wegzug von ihr in der Seelsorge eine Pause einzulegen. Als ich endlich in meinen eigenen vier Wänden wohnte, versuchte ich es zunächst allein zu schaffen und meine Probleme selbst in die Hand zu nehmen. Ich war fest davon überzeugt, dass ich es mit Gottes Hilfe schon hinkriegen würde. Doch dies war leichter gedacht als in die Tat umgesetzt.

Andererseits war es aber auch positiv, eine Zeit lang nur mir selbst gegenüber Rechenschaft ablegen zu müssen, ohne von einer weiteren Person in einen bestimmten Rahmen gepresst zu werden. Ich hatte das Gefühl, nie erwachsen werden zu können, wenn mir immer jemand anders dauernd in mein Leben hineinredete. Durch solche Reaktionen und durch die Entscheidung, allein zu wohnen und die Seelsorge-Gespräche abzubrechen, habe ich mit Sicherheit viele Personen aus meinem Umfeld verletzt, weil sie mich als diejenige sehen mussten, die wegging. Als diejenige, die wieder einmal etwas abgebrochen, aufgegeben und resigniert hatte ...

Als ich schließlich zu Beatrix in Therapie ging, begannen wir sozusagen bei Null. Das Schöne war für mich, dass ich in ihr endlich eine Person gefunden hatte, die nicht durch irgendwelche Vor-Informationen über meine Vergangenheit beeinflusst oder belastet war und die mich nicht drängte, über meine Probleme zu reden. Im Gegenteil: Ich war ja freiwillig auf sie zugegangen. Ich durfte also auch schweigen und stand nicht unter Druck, ständig antworten oder etwas erzählen zu müssen. Sie sagte, alles sei erlaubt. Ich dürfe schweigen, schreien, weinen, schreiben, malen, herumlaufen ...

Zu Beginn hat sie sich sogar selbst vorgestellt und aus ihrem Leben erzählt. Das war neu für mich!

Während unserer ersten Sitzung sprach sie mich auf meinen Brief an, worauf ich ihr kurz schilderte, was ich mit meiner ehemaligen Fußballkollegin erlebt hatte. Ich berichtete ihr auch von meinem momentanen Gefühlschaos. Nach diesem ersten Treffen verblieben wir so, dass wir in den nächsten Sitzungen anschauen würden, wie ich aufgewachsen war und was mich geprägt hatte. Beatrix sagte, das sei für sie wichtig, um sich ein Bild von mir und meiner Problematik zu machen und so auch besser auf mein Gefühlschaos eingehen zu können.

Bei unserem zweiten oder dritten Gespräch fragte sie mich nach den schlimmsten und schönsten Erlebnissen aus meiner Kindheit. Tja, das Schlimmste war natürlich der jahrelange Missbrauch durch meinen Großvater gewesen. Doch wie sollte ich das sagen?

Ich saß schweigend da, verkrampfte mich und rang innerlich darum, wie ich das Schreckliche ausdrücken sollte. Ich brauchte sehr lange, um die Erlebnisse zu erzählen, und hatte schon bei Kleinigkeiten Mühe, sie in Worte zu packen. Ich hatte Angst davor, mich vor Beatrix zu öffnen, weil sie doch Psychologin war. Gerade mit den Psychologen im Heim hatte ich ja negative Erfahrungen gemacht, und mein Vertrauen war dort sehr stark angekratzt worden.

Schließlich überwogen in mir aber die Sehnsucht und der Wunsch, gesund und von meiner Vergangenheit und den vielen Verletzungen frei zu werden. Im Grunde wollte ich ja auch unbedingt darüber reden. Und so wagte ich es von neuem.

Zunächst schrieb Beatrix vieles auf, stellte nur wenige Rückfragen und nahm den Inhalt meiner Berichte kommentarlos auf. Da kamen nicht gleich schlaue Ratschläge, zweifelnde Blicke oder suggestive Rückfragen, die mir indirekt die Schuld zuwiesen.

Erst ein paar Sitzungen später kam sie wieder auf das Thema Missbrauch zurück. Allerdings war es ihr nicht immer möglich, weitere Fragen zu stellen, da ich – je nach Tag und Stimmung – für dieses Thema manchmal völlig verschlossen war, so dass kein Wort herauskam. Einfach weil der Schmerz mich von neuem überrollte und zu groß wurde. Dann fühlte ich mich von meiner Vergangenheit bedroht, zog mich in mich selbst zurück und schwieg.

In der Therapie hatte ich verschiedene Möglichkeiten, mich auszudrücken. Beatrix legte immer Stift und Schreibblock bereit, damit ich unter Umständen auch aufschreiben konnte, was ich sagen wollte, wenn es mir zum Aussprechen zu peinlich war oder ich mich nicht artikulieren konnte. Mir tat es auch gut, das Tempo selbst bestimmen zu dürfen. Ich fühlte mich von Beatrix eigentlich nie zu etwas gezwungen und konnte dadurch viel entspannter sein.

Manchmal gingen wir spontan im Wald spazieren. Die Atmosphäre war bei diesen Gelegenheiten viel gelöster. Oft hat Beatrix auch von sich selbst erzählt und mir die Möglichkeit gegeben, sie kennen zu lernen und Vertrauen zu ihr aufzubauen. Sie gab mir nie das Gefühl, mir überlegen zu sein oder durch ihr Wissen Macht über mich zu haben. Mit der Zeit konnte ich ihr mehr vertrauen, und die gegenseitige Beziehung half mir, mich zunehmend zu öffnen.

Allerdings kostete es mich ziemlich große Überwindung, überhaupt zu sagen, was ich gerne wollte und wozu ich Lust hatte. Bisher wurde ich nicht allzu oft nach meinen Wünschen gefragt – mir war eher der Wille anderer aufgezwungen worden.

Beatrix nahm mich und meine Empfindungen ernst und betrachtete und behandelte mich als vollwertige Person – nicht wie ein unmündiges Kind. Sie ließ mir so viel Zeit, wie ich brauchte, um mich auszudrücken. *Ich allein* durfte das Tempo bestimmen. Nach den Gesprächen war ich jedes Mal sehr erleichtert, aber oft auch fix und fertig, da mich die Therapie viel Kraft kostete.

Manchmal bekam ich Fragen mit nach Hause, über die ich mir Gedanken machen und die ich in Ruhe beantworten sollte. Zu Beginn war Beatrix jedoch sparsam mit derartigen «Hausaufgaben», da sie mich nicht überfordern wollte. Doch nach und nach wurde es normal, dass ich immer noch etwas zum Nachdenken mit auf den Weg bekam.

Eines der Ziele, die ich erreichen wollte, war zu lernen, mich besser auszudrücken. Hierzu erstellten wir eine Art Protokoll. Ich sollte von nun an selbst beobachten, in welchen Situationen es mir leichter fiel, mich zu äußern, und wann ich einfach «sprachlos» war. Mit welchen Menschen war ich in diesen Situationen zusammen, welche Gefühle empfand ich dabei, wann fühlte ich mich unter Druck gesetzt, wie war die Atmosphäre, was wollte ich eigentlich, was tat ich aber tatsächlich? ...

Mit solchen und ähnlichen Fragen sollte ich mich auseinander setzen. Zunächst sollte ich mich nur in ein oder zwei Situationen beobachten. Nach und nach kamen mehr dazu. Ich wurde dazu ermutigt, mir immer nur so viel zuzumuten, wie ich auch verkraften konnte. Wenn zu viel auf mich zukam, blockte ich einfach ab. Doch die Erfahrung zeigte: Wenn ich mich nur mit *einer* Sache auseinander setzte, fühlte ich mich nicht überfordert und wagte mich eher an die Herausforderung.

Als wir uns etwas besser kannten, sagte mir Beatrix, dass ich es ihr mitteilen könnte, falls ich je wünschte, dass sie für mich bete. Sie sei allerdings nicht diejenige, die mir irgendetwas aufzwingen wolle.

Nach etwa einem Jahr Therapie baute sie von Zeit zu Zeit auch eine biblische Geschichte ein oder nannte als Beispiel Personen aus der Bibel. Wir sprachen darüber, wie sich diese Personen in ihrer Situation vermutlich gefühlt und wie sie reagiert hatten – und wie sich Jesus bzw. Gott ihnen gegenüber verhielt.

Beatrix machte mich wiederholt darauf aufmerksam, mit welchem Feingefühl Jesus den verschiedenen Menschen begegnete, wie er auf sie reagierte und mit ihnen umging.

Mir wurde das jetzt zum ersten Mal richtig bewusst, und es beeindruckte mich total. Wir besprachen die Geschichte, wie Jesus auf die Kinder einging, wie er sie in Schutz nahm und sie liebte. Als wir auf die Begegnung von Jesus mit der Frau am Jakobsbrunnen zu sprechen kamen (Johannes-Evangelium, Kapitel 4), berührte mich dieses Ereignis sehr, ebenso wie die Episode über die Hure Rahab im Josua-Buch (Kapitel 2 und 6), die trotz ihrer Lüge und trotz ihrer schlechten Vergangenheit gerettet wurde.

Ein weiteres Thema, das uns lange beschäftigte, war mein Vaterbild. Mit Beatrix las ich noch einmal das Buch «Das Vaterherz Gottes» von Floyd McClung, und vieles ging mir dabei ganz neu auf. Zu Beginn der Therapie hatte ich sehr versteckt anklingen lassen, dass mich mein Vater vergewaltigt hatte. Doch es dauerte sehr lange, bis ich mich sicher genug fühlte, um in der Therapie detaillierter darüber zu sprechen. Da Beatrix sich bereits intensiv mit dem Thema Missbrauch auseinander gesetzt hatte und viel darüber wusste, konnte sie glücklicherweise richtig damit umgehen.

Gemeinsam begannen wir dann eine Art Trauer-Arbeit, die sehr gründlich, aber umso heilsamer war. Ich lernte allmählich, auch die Beziehung zu meinem Adoptivvater als Verlust zu sehen und meine diesbezüglichen Gefühle zuzulassen. Hass und Trauer durfte ich spüren, ich durfte sie geschehen lassen und ihnen Ausdruck verleihen. Wenn ich sie hinunterschluckte oder nicht richtig verarbeitete, so würden sie mich im Unterbewusstsein quälen und eines Tages doch überrollen. Das jedenfalls wurde mir klar.

Meine Adoptivfamilie hatte ich bisher immer in Schutz genommen und die Gründe bei mir selbst gesucht, warum unsere Familie so zerrissen war. Doch dann begann ich schrittweise, den Tatsachen ins Auge zu sehen. Ich hatte ja von Anfang an zu hören bekommen, dass ich schuld sei an allem. Wenn es Streit gab, war ich schuld; wenn meine Mutter schlechte Laune hatte, dann war auch das meistens wegen mir. Gleichzeitig lastete ständig der Druck auf mir, den Erwartungen meiner Adoptiveltern zu entsprechen. Erwartungen, die ich jedoch nie erfüllte und auch nie erfüllen konnte, wie sehr ich mich auch darum bemühte.

Als ich dann von dem Missbrauch durch Großvater erzählt hatte, war das der Gipfel auf dem ganzen «Schuldenberg» gewesen. Möglicherweise hatten meine Eltern geahnt oder befürchtet, was die ganze Zeit bei meinen Großeltern abgelaufen war, doch stand die Familienehre auf dem Spiel, und das Bild, das unsere Familie nach außen hin abgeben sollte, war einfach viel wichtiger. So musste ich irgendwann glauben, dass ich allein die Schuld an dem trug, was mein Großvater mit mir gemacht hatte. Beatrix forderte mich in dieser Angelegenheit immer wieder heraus, indem sie mir sagte: «Ich glaube dir einfach nicht, Melanie, dass du über die Sache mit deiner Familie hinweg bist und du deine Familie verstehst. Sei ehrlich zu dir selbst!»

Die über Jahre eingeübten Verhaltensmuster lernte ich langsam abzulegen. Ich begriff, dass es erlaubt war, traurig oder wütend zu sein. Ich musste nicht mehr krampfhaft die Wahrheit verstecken und so tun als ob, sondern durfte auch den Gefühlen gegenüber meinen Eltern Ausdruck verleihen. Den ganzen Schmerz und all die Enttäuschungen und Verletzungen ließ ich bewusst zu, und ich erlebte, wie befreiend es war, der Wahrheit ins Gesicht zu sehen und mich ihr zu stellen.

Mit der Zeit merkte ich auch, dass ich Gebet brauchte, da mich die aufbrechenden Erinnerungen und Verletzungen doch sehr mitnahmen und erschütterten. Gebet war das begleitende Element auf meinem langen Weg der Heilung, das mir oft Halt gab.

Allmählich ging ich nicht mehr jede Woche in die Therapie, sondern in größeren Abständen. Die Gespräche hatten auch nicht mehr dieselbe Form wie zu Beginn, sondern entwickelten sich mit der Zeit zu einer Art Austausch.

Das Aussprechen all der Verletzungen, die Zeit der Trauer und das Einüben eines neuen Verhaltens im Alltag waren ein langer Prozess, der sicherlich noch nicht ganz beendet ist. In der Therapie hatte ich immer verzweifelt gegen das Weinen angekämpft, obwohl Beatrix ja alles erlaubt hatte. Ich musste das Weinen ganz neu lernen und es zulassen, den Tränen freien Lauf zu gewähren. Vor allem bei der Trauer-Arbeit überwältigten mich meine Gefühle häufig. Die Therapie überforderte mich manchmal fast, weil ich an die Schmerzgrenze kam, an der es unerträglich zu werden drohte.

Bei der Trauer-Arbeit ging es darum, meine Wut, die Anklage, die Verdrängung und die Hilflosigkeit und auch die vielen unbeantworteten Fragen – vor allem nach dem Warum – konkret auszusprechen, zuzulassen und an Gott abzugeben.

Am Schluss sprach Beatrix das Thema Vergebung an. Ich sollte selbst formulieren, was ich mir unter Vergebung vorstellte. Bisher hatte ich immer geglaubt, dass Vergebung erst dann eingetreten ist, wenn man keine schlechten Gefühle mehr empfindet und die Vergangenheit nicht mehr schmerzt. Beatrix wies mich jedoch darauf hin, dass Vergebung grundsätzlich eine Entscheidung ist. Der Knackpunkt sei, ob ich vergeben wolle oder nicht. Das bedeute aber noch lange nicht, dass dann mit einem Schlag alles weg und erledigt ist. Der Entschluss zur Vergebung werde vor Gott getroffen. Wenn dann die Vergangenheit wieder hochkäme, so könne ich mich stets darauf berufen, dass ich vergeben habe – dürfe aber meinen Schmerz immer wieder bei Gott abgeben.

Beatrix zeigte mir auch, was geschieht, wenn man nicht vergeben will. Dadurch würde man sich selbst in Ketten legen. Ich hatte so etwas Ähnliches zwar schon in unzähligen Predigten gehört, doch rutschten mir diese Worte endlich auch ins Herz hinunter, so dass ich ihre Bedeutung innerlich nachvollziehen konnte. Zum ersten Mal Vergebung richtig zu begreifen und mich ganz bewusst vor Gott dafür zu entscheiden – entgegen allen meinen negativen Gefühlen: Das war eines meiner besonders eindrücklichen Erlebnisse.

Viele Puzzleteile fügten sich Stück für Stück zusammen und trugen zur Veränderung und Heilung bei. Mit meiner Entscheidung für Jesus hatte dieser Prozess angefangen, erst unmerklich und langsam, doch dann auch sichtbar. Es waren viele verschiedene Erlebnisse, Situationen, Begegnungen und Eindrücke, die meine Heilung vorantrieben. Nach und nach erhielt ich auch von Freunden und Bekannten Rückmeldungen, was sich in der letzten Zeit alles bei mir verändert hatte.

Im Vergleich zur Situation fünf Jahre vorher ist eine Menge anders geworden. Ich reagiere heute ganz anders und habe auch gelernt, mich besser auszudrücken.

Eigentlich habe ich überwiegend positive Erinnerungen an die Therapie mit Beatrix. Sie war zwar oft sehr direkt und hat mich zum Teil mit ihren Reaktionen oder Fragen überrascht, doch wirkte ihre Vorgehensweise nie negativ auf mich. Vieles an ihr erinnert mich an meine Freundin Judith, die offen, direkt und vorbehaltlos auf mich zukam. Wenn ich an ihre selbstlose, sich verschenkende Art zurückdenke, so berührt mich das tief. Im Zusammensein mit Judith merkte ich, dass ihre Beziehung zu Gott in Ordnung war und dass sie den inneren Frieden, nach dem ich mich so sehnte, wirklich hatte. Judith war innerlich daheim. So konnte sie mir vorbehaltlos begegnen, auf mich eingehen, mich annehmen und ohne Krampf mit mir zusammen sein.

Überzeugend war für mich auch, dass Judith mehr ihre Beziehung zu Gott lebte, als dass sie darüber sprach. Sie sagte mir nie, was ich alles zu tun hätte, sondern ermutigte mich durch ihr Leben, selbst mit Gott zu sprechen und in der Bibel zu lesen. Durch sie erfuhr ich, was eine Beziehung ist und was dazu gehört, und ich lernte, selbst die Initiative zu ergreifen. Judith gab mir aber auch Rückmeldung, wenn ich sie verletzt hatte. Sie hielt mir manches Mal den Spiegel vor Augen und sagte mir, wie verletzend bestimmte Verhaltensweisen oder Reaktionen auf andere wirken können.

Von Judith und Beatrix erfuhr ich die meiste Hilfe. Durch sie wurde ich beziehungsfähiger. Sie waren für mich Vorbilder, die ihr Christsein glaubwürdig lebten. Ich spürte von ihnen her eine wohltuende Wärme und den echten Wunsch, mir helfen zu wollen. Sie respektierten meine Grenzen und ließen mir viel Freiraum. Ich wusste, dass ich vor ihnen so sein konnte, wie ich mich fühlte. Ich musste mich nicht zusammenreißen, sondern durfte *sein*. Außerdem stand ihre Tür für mich zu jeder Tages- und Nachtzeit offen. Ich war immer willkommen.

Ich denke, dass Gott mir ein Stück weit in Judith und Beatrix begegnet ist. Weil sie mir Einblick gaben in ihr Leben, konnte ich miterleben, wie Gott in ihrem Alltag wirkte und sie führte. Das ermutigte mich wiederum, Gott auch in meinem Leben zu vertrauen.

Leider habe ich nicht nur positive Erfahrungen mit Christen gemacht, sondern mit ihnen auch viel Zwang und Krampf erlebt. Teilweise fühlte ich mich sogar fallen gelassen, nachdem ich Christ geworden war, einfach weil sich in meinem Verhalten nicht gleich alles zum Besten veränderte.

Ich habe die Gemeinde nicht unbedingt als heilende Gemeinschaft erlebt. Da so viele verschiedene Menschen über mich und meine Vergangenheit informiert waren, fiel es mir sehr schwer, Vertrauen zu fassen. Ich hatte das Gefühl, dass man sich sehr auf die Melanie mit den vielen Schwierigkeiten konzentrierte und dabei die Melanie übersah, die sich zwar zurückzog, sich dabei aber, gut versteckt, nach echter Beziehung sehnte. Wenn ich dann aber erlebte, dass mir jemand helfen und Liebe und Geborgenheit geben wollte, bekam ich regelmäßig Angst und hatte große Mühe, diese Zuneigung auch wirklich anzunehmen.

Leider hatten nur sehr wenige die Ausdauer, mich vorbehaltlos zu lieben, zu fördern und zu ermutigen. Nur selten fühlte ich mich mit meinen Stimmungen, Ängsten und seelischen Schmerzen voll akzeptiert. Außer Judith und später Beatrix wussten nur die wenigsten, wie sie mir richtig begegnen sollten.

Dass ich damals in die Drogenabhängigkeit rutschte, erkenne ich heute rückblickend als Hilfeschrei, als verzweifelten Versuch, endlich die erhoffte Beachtung zu finden. Wenn ich allerdings noch einen Monat länger in diesem Milieu geblieben wäre, hätte wohl nicht viel dazu gefehlt, dass ich selbst bereit gewesen wäre, jemanden umzubringen. Für etwas Geld und den nächsten Schuss geht man in der Szene ganz schnell über Leichen. Meine Gefühle starben systematisch ab, und ich verlor täglich ein Stück mehr Achtung vor mir selbst und dem menschlichen Leben.

Ich bin Gott dankbar, dass ich nie schwanger geworden bin, weder vom Missbrauch durch meinen Großvater noch durch den Erzieher, weder durch die sexuellen Beziehungen auf dem Strich noch durch meinen leiblichen Vater. Das hätte durchaus passieren können, und es passiert furchtbarerweise vielen anderen, die missbraucht werden.

Für mich ist Gott *mein liebender Vater* geworden. Bei ihm darf ich geborgen und sicher sein. Ich kann wieder schlafen, atmen, mich freuen und leben.

> ***Ich spüre Freude und möchte lachen.***
> *Tränen und Schmerz sind gelindert,*
> *weil du mich hältst.*
> *Wie ein Kind schmiege ich mich an dich*
> *und spüre nach langer Zeit, was es heißt,*
> *geborgen zu sein,*
> *geliebt zu werden.*

Bei dir bin ich sicher,
bei dir darf ich sein.
So geborgen schlafe ich ein.

17

Das Ende meiner Härte

Viele fragen sich jetzt vielleicht, was heute aus mir geworden ist, was ich mache, was sich verändert hat. Nun, heute nagt die wichtigste und schwierigste Frage nicht mehr an mir, während sie mich früher fast aufgefressen hat: «Wo war Gott für mich in all dem Geschehen?» Heute steht nicht mehr die Frage nach dem Warum im Vordergrund, sondern eher die Bitte, dass Gott das Erlebte gebraucht und ich dadurch andere ermutigen und ihnen helfen kann.

Ich wünsche mir, dass andere erkennen, wie Gott in meinem Leben gewirkt hat, wie er mich verändert hat und was er immer noch an mir tut. Ich muss aber zugeben, dass ich jahrelang sehr unter dem Gefühl gelitten habe, von Gott und den Menschen verlassen zu sein. Vor allem die Trennung von meinen Adoptiveltern hat mich tief verletzt, und ich leide teilweise noch heute darunter, weil ich vieles einfach nicht verstehen kann.

Beim Missbrauch hatte ich immer das Gefühl, ich sei selbst schuld an allem und hätte mir alles selbst eingebrockt, weil ich nach Aussage einiger Therapeuten den Missbrauch provoziert hätte. Diese Schuldgefühle machten mir so lange zu schaffen, bis mir verschiedene Menschen sagten, dass *niemand* mir etwas Derartiges antun dürfe. Mein Großvater und auch mein Erzieher hätten ihre Position und meine Situation schamlos ausgenützt. Solch ein Verhalten sei *nicht* normal, und ich sei mitnichten auf der Welt, um von anderen verletzt, gedemütigt und missbraucht zu werden. Ich hätte das Recht,

Nein zu sagen, meine Meinung kundzutun und mich auch mal zu wehren. Ich müsse nicht länger Opfer sein.

So wurde ich frei von meinen eigenen Schuldzuweisungen, insbesondere auch, als ich im Herzen verstand, dass Brutalität, Lieblosigkeit und Missbrauch von nun an nicht mehr zu meinem Leben gehören müssen.

Immer wieder fragte ich Gott, wann denn das ganze Leid endlich aufhören würde und wann ich endlich richtig leben könnte. Meine Beziehung zu Gott war ziemlich distanziert, weil ich ihn lange Zeit nicht als meinen Vater annehmen konnte. Weil ich sowohl meinen leiblichen als auch meinen Adoptivvater als abwesend und verletzend erlebt hatte, konnte ich auch nicht glauben, dass Gott immer da ist. Denn ich dachte, er habe doch so viel zu tun und könne sich darum nicht auch noch um mich und meine Sorgen kümmern.

Weil ich Gott aus meinem Leben ausklammerte, beschäftigte mich die Frage nach dem Warum zunächst nicht so stark. Ich dachte zwar nie, dass der Missbrauch eine Strafe Gottes für mich sei, doch fragte ich Gott später innerlich trotzdem immer wieder: «Warum hast du deine Augen vor diesem Elend verschlossen? Warum warst du nicht da, als ich dich so dringend brauchte?»

Lange kämpfte ich mit diesen Gedanken, und ich habe diesbezüglich immer noch viele Fragen. Doch kann ich manches inzwischen auch einfach stehen lassen, ohne auf alles eine Antwort haben zu müssen.

Wenn ich an die Bibelstelle aus Joel 2,18–27 zurückdenke, vor allem an den letzten Vers, in dem es heißt: *Nie mehr überlasse ich mein Volk der Schande!*, dann interpretiere ich ihn nicht mehr so, dass mir nie wieder etwas Derartiges passieren kann. Ich habe aber keine Zweifel daran, dass Gott seine Verheißungen tatsächlich erfüllt, und hinterfrage Gott nicht mehr. Heute freue ich mich einfach über diesen Vers und erlebe, wie sich schon einiges davon in meinem Leben erfüllt hat.

Heute habe ich sogar eine Art Ja zum Missbrauch gefunden, und ich sehe ihn gewissermaßen als Teil meiner Vergangenheit an. Seitdem ich offen und ehrlich über den Missbrauch in meinem Leben sprechen kann, erlebe ich häufig, wie diese Offenheit für andere Menschen eine Ermutigung für ihr eigenes Leben darstellen kann. Einfach weil sie sehen, wie Gott mich verändert hat und dass es mit Gottes Hilfe trotzdem noch möglich ist, ein erfülltes Leben zu führen.

Die Erlebnisse meiner Vergangenheit haben mich zudem in Bezug auf Gewalt und auch im Umgang mit anderen Menschen äußerst feinfühlig gemacht. Ich nehme sehr viel wahr, was «hinter den Kulissen» vor sich geht, und habe ein ausgeprägtes Gespür dafür bekommen, zu merken, wenn etwas nicht stimmt.

Mein Leben mit Gott hat an Tiefgang gewonnen. Durch meine verschiedenen Erlebnisse habe ich erfahren, dass er treu ist, dass er heilt und dass ich ihm vorbehaltlos vertrauen kann. Er hat mich auf einem langen Weg ununterbrochen begleitet und viel Geduld für mich aufgebracht. Zurückblickend kann ich sagen: Ihm ist nichts unmöglich! Meine Erfahrungen sehe ich als Chance, weil ich dadurch bezeugen kann, dass Gott ganz offensichtlich auch eine solch gravierende Wunde heilen kann.

Es war ein langer Prozess, bis ich mich selbst lieben und mich ohne Angst auch äußerlich als Frau geben konnte. Erst als ich mich Stück für Stück neu erfahren konnte und lernte, meinen Körper, meine Gefühle, ja mich selbst ernst zu nehmen, fand ich auch ein Ja zu meinem Ich.

Inzwischen kann ich sagen: «Ja, ich mag mich!» Für mich bedeutet das, dass ich mich mit meinen Schwächen, Grenzen und Stärken annehmen kann. Ich muss mir aber immer wieder vor Augen halten und für mich persönlich in Anspruch nehmen, dass Gott zu mir sagt:

«Ich habe dich wunderbar gemacht! In meinen Augen bist du unendlich wertvoll!» So wie es sinngemäß in Psalm 139 geschrieben steht.

Als in der Therapie das Thema Missbrauch aufgedeckt wurde, hatte ich große Mühe, solche Worte Gottes anzunehmen und dann auch noch gleich auf mich zu beziehen. Ich konnte es kaum glauben und hatte veritable Zweifel daran, schön und wunderbar zu sein. Schließlich hatten mich mehrere Männer befleckt, gedemütigt und missbraucht. Ich fühlte mich nicht schön und wunderbar, sondern beraubt. Meinen Körper betrachtete ich als beschmutztes Etwas. Ich empfand mich als zutiefst dreckig und hasste mich selbst.

Es war auch hier ein langer Prozess, Gottes Liebe anzunehmen und mich von ihm heilen zu lassen. Gott nahm mir den Ekel vor mir selbst weg und stellte die Worte «wunderbar», «wertvoll» und «schön» über mein Leben. Weil Gott dieses Gefühl der Selbstverachtung geheilt hat, kann ich mich heute annehmen und das Geschehene als zu meiner Vergangenheit gehörig ablegen. Je tiefer meine Beziehung zu Gott wird, desto mehr kann ich auch glauben, dass er gute Gedanken über mein Leben hat.

Inzwischen kann ich meine Gedanken auch viel besser formulieren als damals. Ich musste mir Zeit lassen und immer wieder einen neuen Versuch wagen. Es kommt immer noch vor, dass ich nach Begriffen suchen muss. Aber nicht mehr in dem Maße wie früher. Ich kenne unterdessen auch meine Grenzen ganz gut und kann sagen, wenn mir etwas zu viel wird, zu weit geht oder mich schlichtweg überfordert.

Auch der Missbrauch ist kein Tabuthema mehr. Wenn ich dieses Thema anspreche, so erlebe ich heute, dass man mir Glauben schenkt. Meine Vergangenheit stellt keine undurchsichtige Nebelwand mehr dar. Ich muss sie nicht mehr verbergen oder verschweigen: Nein, sie ist offenkundig. Ich spreche zwischenzeitlich explizit darüber und habe auch Kontakt zu anderen missbrauchten Frauen und Jugendlichen.

Als ich während meines Heilungsprozesses mit Frauen sprach, die dasselbe oder ähnliches erlebt hatten, so tat es mir gut zu wissen, dass ich mit meinen Problemen nicht allein dastehe und nicht die einzige Person auf der Welt bin, die so schreckliche Dinge durchmachen muss. Wenn ich Frauen kennen lernte, die trotz ihrer Verletzungen durch irgendeine Art von Missbrauch echte Heilung erfahren haben, so weckte dies in mir die Hoffnung, dass Heilung auch bei mir möglich war, selbst wenn es Zeit brauchte.

Es ist allerdings eigenartig, wie ich bei meinen Gesprächspartnern immer wieder ein aufkommendes Ohnmachts-Gefühl erlebe, wenn das Thema Missbrauch auf den Tisch kommt. Gerade in christlichen Kreisen scheint man immer noch nicht recht zu wissen, wie man mit diesem Problem umgehen soll. Viele haben Angst und sind sehr unsicher, wie sie auf so etwas reagieren sollen.

Was meine Einstellung zu Autoritätspersonen betrifft, so habe ich von Zeit zu Zeit noch Mühe damit – am ehesten mit Männern, die irgendeine Leiter-Funktion innehaben. Es kann vorkommen, dass ich innerlich abweisend oder sogar aggressiv reagiere, doch meistens realisiere ich sehr schnell, was in mir vorgeht. Ich muss mir dann ganz bewusst sagen, dass mein Gegenüber mit keiner Autoritätsperson aus meiner Vergangenheit identisch ist, und muss mich dazu zwingen, das Ganze von der sachlichen Seite her zu sehen und meine Bedürfnisse offen zu formulieren.

Hilfreich war für mich die Entscheidung, nach einer gewissen Zeit meinen alten Wohnort und die Gemeinde zu wechseln, um einen neuen Anfang machen zu können und mit Menschen konfrontiert zu sein, die noch nichts über mich wissen bzw. zu wissen meinen. Dieser Neubeginn entlastet mich und stellt einen weiteren Schritt zur Heilung dar.

Sexualität ist heute für mich eher zu einem Geheimnis geworden. Ich frage mich so manches Mal, wie sie wirklich ist und ob sie tatsächlich auch als schön empfunden werden kann. Ich selbst weiß es nicht, da ich ja ledig bin und im Moment keinen Partner habe. Und doch glaube ich inzwischen, dass Gott sich bei der Erschaffung der Sexualität etwas Gutes ausgedacht hat. Wahrscheinlich wird das für mich noch einmal ein hoher Berg, den es zu überwinden gilt, wenn ich vielleicht eines Tages heiraten werde. Doch ich möchte mich nicht unter Druck setzen. Ich weiß, dass Gott auch hier heilen kann und den richtigen Zeitpunkt für mich kennt.

Manchmal überrollt mich meine Vergangenheit noch in Form von Flashbacks, wenn mir plötzlich aufgrund bestimmter sinnlicher Eindrücke übel wird. Bestimmte Gegenstände oder Gerüche rufen mir so manche Quälerei in Erinnerung, und bestimmte Nahrungsmittel, zum Beispiel jede Art von Würsten, kann ich weder verarbeiten noch essen. Nachts brauche ich selbst im Sommer mehrere Decken, die mich umhüllen und mir ein Gefühl von Schutz vermitteln, und es ist mir nicht möglich, in einem kurzen Schlafanzug oder gar im T-Shirt zu schlafen. Aber wie gesagt, ich lasse mir auch hier Zeit und weiß, dass diese Dinge eines Tages ganz der Vergangenheit angehören werden. Wenn Gott mich nicht unter Druck setzt, muss ich selbst das erst recht nicht tun.

Im Bereich von Beziehungen und Freundschaften bin ich stabiler geworden, habe aber gerade diesbezüglich einen langen Weg hinter mir. Hier war ich wiederholt verletzt worden, hatte aber auch selbst viele meiner Kameraden verletzt, weil ich einfach nicht beziehungsfähig war. Ich fühlte mich deshalb auch jahrelang sehr einsam. Inzwischen kann ich zu ganz unterschiedlichen Typen von Menschen gute Beziehungen aufbauen. Ich glaube sogar, dass Gott hier eine Schwäche von mir in eine Stärke verwandelt hat. Gleichzeitig schlägt mein Herz aber auch für Menschen, die am Rand stehen und als Außenseiter abgestempelt sind, so wie ich es selbst lange Zeit gewesen bin.

Nach einem langen und schmerzhaften Verarbeitungs-Prozess kann ich sagen, dass das Thema Vergebung grundsätzlich abgeschlossen ist. Allerdings muss ich mich selbst wiederholt daran erinnern, dass ich mich *entschieden habe* zu vergeben und es auch ganz real getan habe. Ich bitte Gott dann, mir zu helfen, die von neuem in mir aufsteigenden negativen Gedanken und Gefühle richtig einordnen zu können und nicht erneut bitter zu werden. Ganz bewusst berufe ich mich auf meinen Entschluss, dass ich vergeben habe. Punkt!

Auch meinem Großvater habe ich von Herzen vergeben. Zurückgeblieben ist eine gewisse Traurigkeit, dass er gestorben ist, bevor er Gott kennen lernen und sich vergeben lassen konnte.

Während ich früher tief in mir von einer ungewissen Angst und einem bohrenden Hass getrieben wurde und sehr egoistisch war, um überhaupt existieren und überleben zu können, bin ich heute innerlich ausgeglichener und werde nicht mehr dauernd von anderen Dingen und Menschen bestimmt. Beziehungen zu anderen Menschen bedeuten mir jedoch sehr viel!

Früher war mir nicht wichtig, ob ich die Wahrheit sagte. Ich mogelte mich durchs Leben und konnte nur selten zu meinen Fehlern stehen. Mein Gewissen und jegliches Unterscheidungsvermögen, was richtig und was falsch ist, schienen abgestorben zu sein.

Heute hat Gott mein Gewissen so weit geschult, dass die Wahrheit in meinem Leben einen hohen Stellenwert einnimmt. Meine frühere Härte gegenüber Mitmenschen ließ eine tiefe Kluft zwischen mir und anderen entstehen. Ich verachtete ihre Fehler und rechnete ihnen jedes Fehlverhalten erbarmungslos an. Heute kann ich milder sein, weil ich Gottes Barmherzigkeit am eigenen Leib erlebt habe.

Früher konnte ich mir nicht vorstellen, dass Gott mein Vater sein möchte. Schon allein die Vorstellung an den Begriff «Vater» machte es mir unmöglich, an einen guten Vater zu glauben. Ein Vater war für mich etwas Negatives, Unzuverlässiges, Abwesendes. Auch etwas Verletzendes, Dominantes. Heute genieße ich dieses Privileg, ein Kind Gottes zu sein, und setze alles daran, dass diese Vater-Kind-Beziehung noch fester und stabiler wird.

Ich weiß, dass er es gut mit mir meint. Er sorgt sich um mich, und es ist ihm nie egal, wie es mir geht. Ich habe ihn als liebenden, fürsorglichen, einfühlsamen, aber auch gerechten und konsequenten Vater kennen gelernt. Heute versuche ich nach bestem Vermögen, ihn in jede Situation meines Lebens einzubeziehen.

18

Ausblick von Melanie

Inzwischen sind schon sechs Jahre vergangen, seit ich das erste Mal mit meiner Therapeutin Beatrix Kontakt aufgenommen habe und regelmäßig zu ihr in die Beratung gegangen bin. Zur Zeit arbeite ich in meinem erlernten Beruf als Krankenpflegerin in einem Altenheim. Kürzlich erhielt ich die Zusage von einer Bibelschule, dass ich dort eine dreijährige Ausbildung machen kann. Aber warum gerade eine Bibelschule?

Ich habe den Wunsch, mich später für Straßenkinder einzusetzen. Darauf möchte ich mich gut vorbereiten, einerseits durch den Besuch der Bibelschule, andererseits durch meine jetzige Mithilfe in der Kinderarbeit der Gemeinde. Gerade dort bestätigt sich, dass Gott mir im Umgang mit Kindern Gaben geschenkt hat.

Schon seit einigen Jahren beschäftigt mich die Situation der Straßenkinder auf der ganzen Welt. Je mehr ich mich mit diesem Thema auseinander gesetzt habe, umso mehr ist in mir der Wunsch gewachsen, zu ihnen zu gehen. Ich weiß, dass die Arbeit, die ich leisten kann, nur ein Tropfen auf den heißen Stein sein wird. Doch ich habe am eigenen Leib erlebt, dass es sich lohnt, sich um einzelne Menschen zu kümmern. Wenn ein Mensch dieser Not begegnet, wird das bestimmt Auswirkungen haben. Auch wenn sie nicht immer sofort sichtbar sind.

Vor einem Jahr feierte ich mit einigen Leuten aus meiner Gemeinde Silvester. Als jeder von uns eine Jahreslosung für das Jahr 2000 zog, erhielt ich den Spruch aus Philipper 3,13–14: «Wie gesagt, meine lieben Brüder, ich weiß genau: Noch habe ich den Preis nicht in der

Hand. Aber eins steht fest, daß ich alles vergessen will, was hinter mir liegt. Ich konzentriere mich nur noch auf das vor mir liegende Ziel. Mit aller Kraft laufe ich darauf zu, um den Siegespreis zu gewinnen, das Leben in Gottes Herrlichkeit. Denn dazu hat uns Gott durch Jesus Christus berufen.»

Diese Sätze drücken hervorragend aus, wo ich momentan stehe und wie ich jetzt mit meiner Vergangenheit umgehe. Dieser Vergangenheit habe ich mich in den letzten Jahren gestellt. Ich habe sie verarbeitet – auch durch die Veröffentlichung dieses Buches.

Nun bin ich an dem Punkt, von dem aus ich diese leidvolle Zeit bewusst hinter mir lasse und unter all das Vergangene, das mein gegenwärtiges Leben noch quälen könnte, einen Schlussstrich ziehe. Ich konzentriere mich auf die Zukunft und arbeite auf Ziele hin, die mein Leben sinnvoll machen. Darüber hinaus laufe ich auf ein höheres Ziel zu, nämlich auf das Leben im Himmel, auf das Leben in Gottes Herrlichkeit. Dieses Ziel gibt meiner Existenz Hoffnung und Perspektive.

Ich hoffe, dass euch dieses Buch Mut macht, in eurer eigenen Situation durchzuhalten, dranzubleiben und weiter mit Gott den Weg zu gehen. Verliert die Hoffnung nicht! Gott sieht euch. Für ihn ist kein Ding unmöglich. Verschließt euch nicht, und schaut nicht weg, wenn ihr in euerm Umfeld einer Not begegnet, sondern setzt euch ein und tut alles, was in eurer Macht steht. Geht nicht nur zwei Schritte mit dem Menschen, der eure Hilfe braucht. Denn vielleicht hat er zwanzig oder dreißig Schritte nötig. Macht ihm Jesus lieb, damit dieser Mensch sich ganz an ihn hängt und nicht an euch.

Und wenn Sie, liebe Leserin, lieber Leser, Jesus noch nicht kennen, dann möchte ich Ihnen Mut machen, mit ihm zu reden. Er hört Sie und sehnt sich nach der Gemeinschaft mit Ihnen.

Melanie K.

Nachwort:
Das große Staunen!

Als ich mit Melanie zum ersten Mal am Telefon sprach, fiel mir sofort ihre angenehme Stimme auf, die für mich wie Balsam war.

Da wir uns beide sehr voreinander geöffnet und verletzlich gemacht hatten, bevor wir uns zum ersten Mal sahen, waren wir doch recht aufgeregt, als wir uns dann endlich begegneten. Unsere Bedenken und Ängste wurden jedoch schnell zerstreut.

Ich schätze es sehr, welchen Einblick mir Melanie in ihr Leben gegeben hat – nicht nur, weil es dadurch leichter wurde, das Buch zu schreiben, sondern auch, weil es mich ganz persönlich weiterbrachte. Ich durfte ihr jede Art von Fragen stellen. Peinlichkeiten schien es für sie kaum zu geben. Auch ich durfte bei ihr lernen, offen und ehrlich zu sein und zu werden.

Während ich als Co-Autorin ihre Geschichte las, hörte, schrieb und formulierte, fehlten mir oft die Worte angesichts dieser Qualen, die sie hat erleben müssen. Andererseits kam ich aus dem Staunen nicht heraus, welch kostbare Perle Gott aus ihr gemacht hat. Wenn sie mir direkt in die Augen schaut und meinem Blick standhält, wenn sie Erlebtes in Worte fasst oder einfach friedlich dasitzt und die Ausgeglichenheit in Person zu sein scheint, dann kann ich fast nicht glauben, was ich da beobachte: Gott tut Wunder, und an Melanie hat er ein echtes und großes Wunder bewirkt.

Schließlich war die Bearbeitung ihrer Biographie Therapie für mich selbst, da auch ich Spuren von Missbrauch an und in mir trage – wie so viele andere Frauen auch. Ihre Geschichte stellt aber jedes Mal neu eine

Herausforderung für mich dar, wenn ich sie wieder und wieder lese und überarbeite.

An dieser Stelle möchte ich aber auch erwähnen, dass wir Melanies Geschichte hier aus ihrem ganz persönlichen und folglich höchst subjektiven Fokus betrachten und erzählen. Es kann gut sein, dass manche ihrer früheren Betreuer und Bezugspersonen einzelne Aspekte ganz anders gewichten und beurteilen würden.

Mein Wunsch ist es, dass viele Männer und Frauen von Melanies Vergangenheits-Bewältigung berührt werden und beginnen, über ihre eigenen Verletzungen nachzudenken und damit zu Gott zu kommen. Er kann heilen!

Mich selbst hat die Frage nach dem Leid – und warum Gott es zulässt – jahrelang beschäftigt. Und wenn ich wieder einmal fassungslos bin, weil mich das Leiden eines anderen Menschen fast erdrückt, dann steigen in mir all die Fragen, die Wut und gewisse Gefühle der Ohnmacht hoch. Ich habe viele Fragen an Gott. Das Thema Missbrauch wird mich auch weiterhin beschäftigen, und ich hoffe, dass dieses Buch jede Leserin und jeden Leser zum Nachdenken bringt und dazu ermutigt, Gott die eigenen Fragen zu stellen.

Sabine Herold

(Sabine Herold, geboren 1973 in Deutschland, absolvierte eine fünfjährige theologische Ausbildung in der Schweiz. Seit Sommer 2000 arbeitet sie als Journalistin und Redakteurin für die «Perspektive», die Zeitschrift der Schweizer Mennoniten. Sie ist verheiratet und hat einen Sohn.)

Anhang:
Facts zum Thema

«Jedes vierte Mädchen und jeder siebte Junge im Grundschulalter erlebt sexuelle Grenzverletzungen.»[1]

Die gesetzlichen Definitionen für sexuellen Missbrauch bzw. Misshandlung oder Ausbeutung sind von Staat zu Staat verschieden.[2]

«Sexuelle Ausbeutung von Kindern durch Erwachsene (oder ältere Jugendliche) ist eine sexuelle Handlung des Erwachsenen mit einem Kind, das aufgrund seiner emotionalen und intellektuellen Entwicklung nicht in der Lage ist, dieser sexuellen Handlung informiert und frei zuzustimmen. Dabei nützt der Erwachsene die *ungleichen Machtverhältnisse* zwischen Erwachsenen und Kindern aus, um das Kind zur Kooperation zu überreden oder zu zwingen. Zentral ist dabei die *Verpflichtung zur Geheimhaltung*, die das Kind zur Sprachlosigkeit, Wehrlosigkeit und Hilflosigkeit verurteilt.»[3]

Bei sexueller Ausbeutung geht es nicht primär um Sexualität, sondern um Macht bzw. Machtmissbrauch sowie das Ausnutzen eines Abhängigkeitsverhältnisses.

Sexueller Missbrauch kann mit oder ohne Berührung geschehen. «Zum Missbrauch ohne Berührung gehören verbaler Missbrauch, obszöne Telefonanrufe, Geschlechtsverkehr oder Pornographie von anderen mit ansehen zu müssen. Diese Formen des Missbrauchs können auch mit Berührungen verknüpft sein oder zu ihnen führen, müssen aber nicht.»[4]

Sexuelle Belästigung ohne Berührung scheint harmlos zu sein, ist aber in Wirklichkeit sehr erniedrigend. Ihre Auswirkungen müssen bei den Betroffenen nicht unbedingt nur emotioneller Art sein, sondern können ebenso die normale Entwicklung hemmen oder umgekehrt gar zu sexueller Frühreife führen. Auch Exhibitionismus und Voyeurismus zählen zum Missbrauch ohne Berührung, hinterlassen aber in gleicher Weise ihre Spuren bei den Betroffenen. «Zu ‹tätlichem› sexuellem Missbrauch gehören Streicheln, ein Kind als Modell für Pornographie fungieren zu lassen, Prostitution, Vergewaltigung, Vergewaltigung mit Körperverletzung, Mord oder brutaler Gewalt.»[5]

Die Hilfsorganisation für Verbrechensopfer hat folgende Punkte formuliert:

«Von sexuellem Missbrauch sprechen wir, wenn eine Person zum Beispiel

1. ein Mädchen oder einen Jungen zwingt oder überredet, sich (oder andere) nackt zu betrachten oder sexuellen Aktivitäten zuzusehen;
2. ein Mädchen oder einen Jungen zur eigenen Bedürfnisbefriedigung anfasst oder sich anfassen lässt;
3. ein Mädchen oder einen Jungen zu pornographischen Handlungen zwingt oder ihnen Pornographie vorführt;
4. den Intimbereich eines Mädchens oder eines Jungen berührt oder zu oralem, analem oder vaginalem Geschlechtsverkehr zwingt oder überredet – also vergewaltigt.»[6]

Sexueller Missbrauch unter Verwandten wird als Inzest bezeichnet. Täter können bei sexuellem Missbrauch neben Vater, Stiefvater, Bruder, Onkel, Cousin, Großvater – also Verwandten – auch Freund, Verlobter, ein erwachsener Leiter, Babysitter, Freund der Familie, Nachbar, Chef, Arzt, Therapeut, Lehrer, Pastor oder sogar ein Seelsorger sein.[7] Dies bedeutet, dass sexuelle Ausbeutung meist im vertrauten Kreis geschieht.

Vertrauensselige, unterwürfige und willfährige Kinder sind eher gefährdet, Betroffene von sexuellem Missbrauch zu werden. Andererseits gibt es keinen bestimmten Persönlichkeitstyp als Opfer.

Indikatoren für Missbrauch sind neben körperlich sichtbaren Merkmalen[8] zum Beispiel:

- direkte und indirekte Bekenntnisse
- für das Alter unangemessenes sexuelles Wissen oder Handeln
- drastische Verbesserung oder Verschlechterung der Schulnoten
- Angst vor bestimmten Menschen oder Situationen
- ungewöhnliches Schamgefühl
- antisoziales Verhalten oder Ausreißen
- ungewöhnliches Verhalten im Umgang mit dem anderen Geschlecht[9]
- oder ausschließliche Beziehungen zu Älteren
- selbstzerstörerische Handlungen
- Angst und Misstrauen
- plötzliches Weinen und Depressionen
- Regression in frühere Phasen
- ungewöhnliches Verhalten in der Nacht[10]
- krankhafte Schuldgefühle[11]

Schlafstörungen, psychosomatische Erkrankungen und Selbstmordgedanken wie auch Selbstzweifel gehören oftmals zur Tagesordnung. Missbrauchte Menschen werden nicht selten drogenabhängig oder rutschen in die Prostitution ab.

Da das ausgebeutete Kind dazu verpflichtet wird, über das Erlebte zu schweigen – oft unter Androhung von Gewalt oder schlimmen Folgen, falls es doch jemandem davon erzählt –, lernt es unbewusst, den Missbrauch und die damit verbundenen Bilder, Schmerzen und Gefühle zu verdrängen, um überleben zu können. Doch niemals wird das Erlebte ganz ausgelöscht. Viele Betroffene tragen ihr Leben lang gewisse Kennzeichen, selbst wenn sie die Erinnerung an das frühe Missbrauchs-Trauma verdrängt oder völlig vergessen haben.

Psychologische, emotionale und geistliche Symptome bestehen laut Whitman u. a. in:

- einem geringen Selbstwertgefühl
- Gefühlen von Scham und Schuld
- Selbstvorwürfen
- dem Glauben, so sei es in allen Familien
- Machtlosigkeit
- Perfektionismus
- innerem Stress aufgrund von ständiger Angst vor erneutem Missbrauch
- dem Gefühl, schutzlos und nicht geborgen zu sein
- panikartigen Anfällen und Albträumen
- Wut, Empfindlichkeit
- Selbstmordgedanken oder -versuchen
- Gefühllosigkeit oder unkontrollierten Gefühlen
- Misstrauen gegenüber erwachsenen bzw. älteren Personen
- aber auch in der Sucht nach Liebe und Aufmerksamkeit
- den Problemen damit, Gefühle zu erkennen und auszudrücken
- Zwängen und Süchten
- verzerrten religiösen Vorstellungen

In Beziehungen tauchen oft sexuelle Schwierigkeiten auf, außerdem:

- Abhängigkeit und Klammern oder
- Unfähigkeit zur Nähe bzw. zur Abgrenzung oder zum «Nein»-Sagen

- die Erwartung, verlassen oder erneut zum Opfer zu werden
- Isolation

Sexuell ausgebeutete Menschen setzen meistens gelernte Familienmuster fort und können selbst zu Tätern werden. Schließlich haben die meisten Betroffenen in irgendeiner Form sexuelle Funktionsstörungen, zum Beispiel eine unnatürliche Abscheu vor Sex bzw. vor Personen des anderen Geschlechts oder dann als umgekehrte Variante sexuelle Süchte. Plötzlich können Erinnerungen an Missbrauchs-Szenen (Flashbacks) oder auch körperliche Erinnerungen (also unbewusste, aber sehr reale Reaktionen auf bestimmte Gerüche, Orte, Tage, Situationen) hochkommen. Probleme mit der sexuellen Identität/Orientierung, Angst vor Schwangerschaft oder sexuelle Kälte bzw. Unfähigkeit zum Orgasmus können weitere Symptome sein.[12] Eine extreme Form des Selbstschutzes ist die Dissoziation.[13]

Viele der Symptome haben wir in Melanies Geschichte kennen gelernt. Sie hat jede Art von Missbrauch erlitten, wurde Opfer von Verwandten, aber auch von anderen Bezugspersonen, und die Folgen des Missbrauchs waren bei ihr eindeutig.

Meines Erachtens kann man jedoch nicht nur von Missbrauch an Kindern sprechen und meinen, sobald ein Opfer volljährig sei, falle es nicht mehr in diese Kategorie. Erwachsene Personen, die in ihrer Kindheit nie gelernt haben, sich zu wehren oder Grenzen zu setzen, und immer eine Opferhaltung einnehmen mussten, werden kaum mit ihrem achtzehnten Lebensjahr die reife Person sein, die ihr Alter vortäuscht. Oft werden auch Volljährige ausgebeutet und müssen jahrelang für ihre Verwandten und Bekannten bereit stehen, ohne sich dagegen wehren zu können. Zahlreiche Ehefrauen sind Opfer ihrer eigenen Ehemänner, die sie gegen ihren Willen zu verschiedensten sexuellen Praktiken zwingen. Derartige sexuelle Übergriffe reichen weit über die Kindheit hinaus und schmerzen erwachsene Menschen im gleichen Maß. Missbrauch liegt für mich nicht nur dann vor, wenn ein Erwachsener die Intimsphäre eines Mädchens oder eines Jungen überschreitet, sondern ganz allgemein, wenn eine Person die Intimsphäre einer anderen Person zum Zweck ihrer eigenen sexuellen Erregung nicht wahrt und die Grenze sexueller Ausbeutung überschreitet.

Wir müssen uns bewusst sein, dass das Ausmaß sexuellen Missbrauchs größer ist als nachgewiesen und dass jeder Mensch potentiell gefährdet ist, zu einem Täter oder einer Täterin zu werden.

Viele Menschen unserer Gesellschaft sind Betroffene oder auch Täter – und das gilt selbst für Christen. Sie leben also auch in den christlichen Gemeinden und in deren unmittelbarem Umfeld. Viele von ihnen suchen bewusst oder unbewusst Hilfe und sehnen sich nach Heilung ihrer Persönlichkeit mitsamt ihren seelischen und körperlichen Verletzungen.

In Melanies Geschichte wird deutlich, dass sie sich vor allem zu den Menschen hingezogen fühlte, die direkt und vorbehaltlos auf sie zukamen, die selbst offen waren und ihr genügend Raum gaben. Bei anderen, die sie seelsorgerlich begleiten wollten, spürte sie sehr schnell deren Überforderung und Unsicherheit auf dem Gebiet der sexuellen Ausbeutung. Ihre Therapeutin, die sich zuvor bereits intensiv mit dem Thema auseinander gesetzt hatte, konnte ihr demgegenüber besonders gut helfen.

Bei einer Therapie ist es wohl weniger wichtig, mit welcher Art von Therapie – es gibt ja viele! – gearbeitet wird. Entscheidend ist die Person des Therapeuten selbst. Wenn diese Person sich mit dem Thema beschäftigt hat, viel darüber weiß und damit umgehen kann, ist eine gute Ausgangslage gewährleistet. Jede Methode ist nur so gut wie ihr Anwender bzw. ihre Anwenderin. Das heißt, sie hängt vom Therapeuten ab und von der Bereitschaft des oder der Betroffenen, auf die Therapie einzugehen.

Neben einer Fachbetreuung ist auch die Begleitung durch andere Menschen wichtig, nämlich durch Vertrauenspersonen mit Ausdauer. Leider sind in christlichen Gemeinden oft zu hohe Ansprüche an Betroffene feststellbar, verbunden mit der Forderung, so schnell wie möglich geheilt und stabil zu sein. Das ist jedoch unrealistisch. Gerade unter Christen sollten Betroffene und Opfer von Gewalt offen, ehrlich und unverstellt sein dürfen und den Trost finden, den sie brauchen. Christen und Gemeinden sind hier herausgefordert, für dieses aktuelle Thema bereit zu sein, es nicht mehr als Tabu zu behandeln, Betroffenen Zeit zu geben und sich selbst in Geduld zu üben.

Tipps für Seelsorger und Vertrauenspersonen

Für eine Therapie ist Folgendes wichtig:

– Die betroffene Person muss sich sicher fühlen können und Vertrauen zu ihrem Therapeuten bzw. ihrer Therapeutin haben. Sie braucht eine Vertrauensperson, die für sie da ist.
– Opfer von sexuellem Missbrauch haben aufgrund ihrer traumatischen Erlebnisse oft ein großes Misstrauen allen Bezugs- und Autoritätspersonen gegenüber. Um eine vertrauensvolle Beziehung aufbauen zu

können, ist es wichtig, der betroffenen Person Zeit zu lassen, ihr die Möglichkeit zu geben, Grenzen zu setzen und Widerstand zu leisten.

– Positive Beziehungen der Betroffenen zu Menschen oder Haustieren sollen gefördert werden. Die missbrauchte Person braucht Momente, in denen sie alles Schwere vergessen kann.

– Eine betroffene Person sollte nie ungefragt berührt werden, denn körperliche Nähe ist möglicherweise ein Tabu.

– Menschen, die ein schweres Trauma erlebt haben, verarbeiten ihre schrecklichen Erlebnisse in verschiedenen Phasen: durch unmittelbare Reaktionen wie zum Beispiel Schock; durch Verleugnung, Verarbeitung oder durch Integration des Erlebten in die eigene Biografie. Betroffene pendeln oft zwischen Verleugnung und einem intensiven, ja fast schon übertriebenen Kreisen um die Thematik hin und her und kommen im Verarbeitungsprozess nicht weiter. Andererseits muss hier auch gesagt werden, dass gerade die intensive Beschäftigung mit der Thematik eine wichtige Phase sein kann, um das Erlebte besser ablegen zu können.

– Vertrauen ist eine Grundlage, um überhaupt am Thema Missbrauch arbeiten zu können. Eine betroffene Person braucht viel Mut, um einer anderen Person – sei es Therapeut/in, Seelsorger/in, Angehörige/r oder auch Freund/in – ganz neu zu vertrauen bzw. überhaupt eine Therapie zu beginnen.

Ein Trauma kann folgendermaßen bearbeitet werden:

– Ziel der Therapie ist, dass sich die betroffene Person durch genaues Erzählen des Missbrauchs mit ihren Erinnerungen und Gefühlen konfrontieren und dadurch das Geschehene in ihre Biographie integrieren kann. Das Sprechen über sexuelle Ausbeutung in der Therapie ist wichtig, um die Verleugnung und Sprachlosigkeit angesichts dieser Problematik zu überwinden.

– Möglicherweise ist es wichtig, eine bestimmte Sprache zu finden, um über Missbrauch zu reden. Auch der richtige Zeitpunkt ist wichtig (nicht zu früh ansprechen, nicht drängen).

– Kreative Medien wie Malen, Töpfern, Musizieren, Schreiben, Bewegen oder Ähnliches sind wertvolle Hilfen bei der Konfrontation mit dem Trauma.

– Bei der Konfrontation mit dem Missbrauch sollen irrationale Gedanken hinterfragt werden. Es ist wichtig, die Opfer- und Täterrolle zu klären, Schuld beim Namen zu nennen und Schuld- oder Schamgefühle zu hinterfragen.

– Sich bewusst sein: Gott will das Geraubte zurückerstatten und neues Leben schenken. Vergebung spielt hier eine wichtige Rolle, braucht aber Zeit.

– Die betroffene Person soll darin unterstützt werden, Grenzen zu setzen und zu lernen, ihre Wünsche zu äußern bzw. ein klares «Ja» oder «Nein» zu sagen.

– Die Körperwahrnehmung sollte gefördert werden. Eine betroffene Person kann einen neuen Zugang zu sich finden, indem sie ihren Körper positiv erlebt, sich mit ihrem eigenen Frau- bzw. Mannsein auseinander setzt, Gefühle empfindet oder auszudrücken lernt.

Die Folgen von sexueller Ausbeutung sind für die Betroffenen gravierend, denn diese belasten und hemmen ihr Leben bis hin zur Selbstzerstörung oder zum Selbstmord. Die Wahrnehmung der eigenen Persönlichkeit und die Beziehung zu anderen Menschen wie auch die Beziehung zu Gott sind an der erlittenen sexuellen Ausbeutung mehr oder weniger zerbrochen. Heilung muss dementsprechend auf allen drei Ebenen geschehen, damit von echter Heilung gesprochen werden kann.

Häufig besteht einer der schwierigsten Punkte in der Frage danach, warum Gott das Leid, den Missbrauch, all diese schrecklichen Dinge zugelassen (oder nicht verhindert) hat. Auch bei Melanie haben wir gesehen, was für Folgen diese Frage hatte und wie lange es dauerte, bis sie Gott als ihren Vater sehen und akzeptieren konnte.

Das Schreiben von Gedichten oder von Tagebuch-Einträgen war für Melanie lange Zeit das (einzige) Ventil, durch das sie ihre Verletzungen und Gefühle in Worte packen und herauslassen konnte, angesichts des Umstands, dass ihr das Reden ja so schwer fiel. Erst als sie Menschen traf, zu denen echtes Vertrauen möglich wurde – Menschen, die ihr den Raum und die Chance gaben, das Tempo selbst zu bestimmen, das dann schließlich eine Öffnung möglich machte –, erst dann war sie wirklich fähig, ihren «Rucksack» auszupacken.

Heilung ist möglich

Vieles, das sich an und in Melanie verändert hat, ist das Ergebnis eines jahrelangen Prozesses. Heilung von Missbrauchs-Erlebnissen geschieht selten von heute auf morgen; aber jeder vollzogene Schritt stellt doch ein Vorwärtskommen auf dem langen Weg zum Ziel dar.

Hier möchte ich noch ein paar mögliche Heilungsschritte nennen, die in diesem Prozess hilfreich sein können:

1. Merken, dass etwas nicht stimmt
Melanie hat die Defizite in ihrem Leben erkannt. Sie hatte nie Freunde und litt sehr darunter. Jahre nach der Vergewaltigung durch ihren leiblichen Vater fiel es ihr während der Zeit in der Schule für Gemeindemitarbeit wie Schuppen von den Augen, *warum* sie nicht bezie-

hungsfähig war. Immer wieder wurde sie von ihrer Vergangenheit überrollt.

2. Wahrnehmen, bewusst hinschauen und als wahr erkennen

Melanie setzte sich erst dann ganz bewusst mit ihrer Vergangenheit auseinander, als sie nicht mehr unter dem Druck der Seelsorger stand, die sie immer zum Reden zwingen wollten. Vor Gott selbst realisierte sie, wie schlimm und verkorkst ihre Situation war. So entstand der Wunsch nach Heilung, worum sie Gott dann auch ganz bewusst bat.

3. Noch mehr aufdecken, Erinnerungen aufkommen lassen, aber nicht forcieren

In der Therapie lernte Melanie, Stück für Stück zu erzählen und den Schmerz zuzulassen. Was sie jahrelang meisterhaft verdrängt hatte, kam wieder zum Vorschein. Sie lernte, auf verschiedene kreative Art und Weise das Schreckliche zu formulieren und sichtbar zu machen (zum Beispiel durch Schreiben und Malen). Ganz wichtig war für Melanie, dass ihr die Therapeutin viel Zeit und Freiraum gab.

4. Konkrete Arbeit leisten

Hier geht es darum, an den nagenden Schuldgefühlen, am Selbstwert und am Verhältnis zum eigenen Körper zu arbeiten. Die Konfrontation mit sich selbst ist eine harte Lektion und kostet viel Energie. Zeit nehmen für sich, über sich selbst nachdenken, sich selbst und dem eigenen Körper Gutes tun, Teilziele feiern, sich mit Hilfe seiner Hände ausdrücken, sich selbst wieder spüren und entspannen – dies sind u. a. wichtige Elemente im Gesundungsprozess.

Melanie war jahrelang auf der Flucht vor sich selbst. Sie hielt es kaum ein paar Minuten alleine aus. Wenn ich sie heute sehe, staune ich darüber, welche Ruhe sie ausstrahlt. Doch der Weg, den sie bis zur Heilung gegangen ist, war lang und schmerzhaft. Heute sehen wir: Es hat sich gelohnt.

5. Trauerphase und Freude erleben

Hier darf ich weinen über den Schmerz der Vergangenheit und den Schmerz der Gegenwart. Ich darf lernen, meinen Tränen freien Lauf zu lassen und nicht nur verborgen in der Seele zu trauern. Ich darf mich aber auch freuen, dass ich endlich in den Spiegel schauen kann – im wörtlichen und übertragenen Sinn. Ich darf mich freuen, dass Gott wirkt und das Leben endlich beginnt.

Die Trauer- und Schmerzphase war für Melanie ein harter Brocken, doch sehr heilsam.

6. Vergebung als Willensakt

Es lohnt sich, das Gebirge der Verletzungen zu besteigen. Vergebung scheint der höchste Gipfel zu sein, denn: Es ist wohl einer der schwersten Schritte überhaupt, seinem Peiniger zu vergeben.

Vergebung ist keine schnelle Angelegenheit, sondern ein Prozess, der viel Zeit – vielleicht Jahre, vielleicht ein Leben – braucht. Es ist wichtig, sich mit den Verletzungen auseinander zu setzen (vergleiche dazu Punkt 1 bis 5). Die Gefahr besteht jedoch, vor lauter Selbstreflexion in Selbstmitleid zu zerfließen und in der Opferrolle der Vergangenheit zu verharren. Dieser Umgang mit den Wunden hilft nun allerdings nicht weiter. Die Schmerzen werden weiter bohren. Das Verständnis der Vergebung und die Motivation zur Veränderung wie auch zu einem Neubeginn spielen dabei eine wichtige Rolle. Hier ist ein Willensakt gefragt: nämlich dass die freiwillige Entscheidung getroffen wird, Vergangenes loszulassen.

Erst dann beginnt der eigentliche Prozess der Vergebung: die Veränderungsarbeit. Hier geht es zunächst einmal darum, die schmerzhafte Situation neu zu überdenken und zu versuchen, die missbrauchende Person aus einer anderen Perspektive zu betrachten, aus anderer Optik. Dieser Perspektiven-Wechsel wird vielleicht durch folgende Frage erleichtert: «Was würde Jesus in dieser Situation tun?» Die Arbeit an unseren negativen Einstellungen und Gefühlen demjenigen gegenüber, der uns verletzt hat, ist alles andere als ein leichter Weg.

Echte Vergebung bedeutet knochenharte Arbeit. Als Mensch kann man sich weiterentwickeln und einen Reifungsprozess durchmachen, der dazu führt, dass man das Geschehene verarbeiten kann. Es geht um die Integration dieser schlimmen und schlimmsten Erfahrungen in die eigene Biographie. Nur wenn das gelingt, wird wirklich eigenes Leben möglich: nämlich eine bewusste, freie Beziehung zu Gott und zu den Mitmenschen und eine unbelastete Sicht der eigenen Person in ihrer Ganzheit. Das Akzeptieren des Schmerzes, des Verlustes und der Ungerechtigkeit als Teil der eigenen Geschichte kann als «Herz und Seele» der Vergebung betrachtet werden. In dieser Phase geschieht häufig eine radikale emotionale Veränderung.

Einem Menschen zu vergeben, heißt nicht, dass ich mich nie mehr an die Verletzung erinnere und sie einfach vergessen kann. Nur durch das Erinnern bleibe ich wachsam und kann einfühlsamer auf andere Menschen mit ähnlichen Erfahrungen eingehen. Die seelischen Narben der Verletzung bleiben vielleicht Jahre oder sogar ein Leben lang haften und erinnern mich an das Erlebte. Doch etwas ändert sich: Gegenüber dem Menschen, der mich verletzt hat, empfinde ich keinen Ärger, keinen Hass, keine Wut und keine Scham mehr – oder dann wenigstens nur noch in erträglichem Maß. Vielleicht kann ich der Person sogar eines Tages wieder gegenübertreten und in die Augen schauen, so wie es einzelnen Nazi-Opfern in späteren Begegnungen mit ihren Peinigern gelungen ist, als sie ihre traumatische Geschichte aufzuarbeiten versuchten.

Wenn echte Vergebung geschehen kann, kommt es zu Veränderung. Gott kann Schwächen in Stärken verwandeln und offene Wunden schließen.

Dann kann in Erfüllung gehen, was Gott in Joel 2,25 verheißt, nämlich dass er die Ernten ersetzt: «Jetzt aber will ich euch in reichem Maß zurückgeben, was diese gefräßigen Tiere Jahr für Jahr vernichtet haben.»

(Zusammengestellt von Sabine Herold)

Quellenverzeichnis

1 Von Ellen Aesch in: *Sexualethik und Seelsorge,*
   Nr. 1/1997, Ahnatal/Kassel (Weißes Kreuz), 1997,
   S. 12.

2 So lautet beispielsweise eine amerikanische Defini-
   tion: «Kontakte oder Handlungen zwischen einem
   Kind und einem Erwachsenen, bei denen das Kind
   zur sexuellen Stimulation des Täters oder einer
   anderen Person benutzt wird. Sexueller Missbrauch
   kann von einer Person unter 18 Jahren verübt werden, wenn diese Person entweder wesentlich älter
   ist als das Opfer oder wenn der Täter in einer
   Macht- oder Kontrollposition über einem anderen
   Kind steht.» In: Alice Huskey, *Verdrängt*, S. 30.

3 (M. Sgroi) Seelsorge mit Betroffenen von Familien-
   gewalt im Kontext der Gemeindearbeit. Seminar-
   unterlagen im Fach Pastoralseelsorge, Bienenberg
   9/1999, S. 3. Vgl. Ursula Wirtz, *Seelenmord*, Stuttgart, 2001, S. 17.
   Ursula Wirtz sieht im Inzest bzw. der sexuellen
   Ausbeutung eindeutig «*Macht*missbrauch, Manipu-
   lation und Ausnutzung von Abhängigkeitsverhält-
   nissen». Inzest ist für sie «sexualisierte *Gewalt*»,
   «Kontroll- und Unterwerfungsritual» (S. 15). Inzest
   hat mit Unterdrückung (S. 18) sowie «mit Verrat zu
   tun, mit Vertrauensmissbrauch von Seiten der Menschen, auf die das Kind emotional am stärksten
   angewiesen ist» (S. 20).
   «Inzest liegt vor, wenn ein Familienmitglied in einer
   Machtposition ein Bedürfnis (zum Beispiel Macht-
   bedürfnis, Bedürfnis nach Körperkontakt, nach Anerkennung) bei einem anderen Familienmitglied in
   einer schwächeren Position durch Sexualisierung

zu befriedigen versucht. Sexualisierung kann hier alles sein, von der Liebkosung, dem Kuss, wiederholten verbalen Bemerkungen über Brüste oder andere Körperteile einer Person bis hin zum oralen, analen oder genitalen Geschlechtsverkehr und Masturbation mit dem Opfer oder vor den Augen des Opfers.» Ebd., S. 20.

4 ebd., S. 31
5 ebd., S. 33
6 aus idea spektrum 10/2000, S. 21.
7 Alice Huskey, *Verdrängt*, S. 41. Vgl. Ursula Wirtz, *Seelenmord*, S. 22: Sie weist hier auf das oft bestehende Abhängigkeitsverhältnis hin.
8 Schmerzen und Entzündungen, Infektionen, Schwangerschaft, extreme Gewichtsveränderungen, autoaggressives Verhalten, Hautkrankheiten, Asthma-Erkrankungen.
9 Entweder den Kontakt völlig vermeiden oder ständig wechselnde Beziehungen, evtl. sogar gleichgeschlechtliche Beziehungen.
10 zum Beispiel Schlaflosigkeit, Albträume oder Angst vor der Dunkelheit.
11 Vgl. hierzu Huskey, *Verdrängt*, S. 90–98; Mitchell Whitman, *Brecht das Schweigen*, S. 61–68; Paula Sandford, *Opfer des Sexualmissbrauchs*, 1992, S. 23–33; Ursula Wirtz, *Seelenmord*, S. 76f.
12 Vgl. hierzu Whitman, *Brecht das Schweigen*, S. 68f.
13 Dissoziation ist Trennung oder Abspaltung von Gedanken oder Ideen vom Hauptstrom der persönlichen Identität bzw. Erfahrung. Nach Whitman, *Brecht das Schweigen*, S. 70.
Indem sich Betroffene aus einem traumatischen Geschehen ausklinken, sich vor bestimmten Erinnerungen abschirmen, beides meist unbewusst, oder sich eine Phantasiewelt oder Traumpersonen schaffen, unterdrücken sie den Schmerz des Erlebten.